教育の理念と思想のフロンティア

伊藤良高
冨江英俊　編

晃洋書房

は し が き

　教育とは何か。この問いは、教育の歴史とともにあるといってよいが、その答えについては、古今東西、多くの人々によって模索、考究されてきたし、また、これからもそうあり続けるであろう。なぜなら、「人間は社会の中に生まれて人間となる」（勝田守一「教育の概念と教育学」勝田守一編『教育学』青木書店、1958 年、16 頁）といわれるように、人間がある特定の社会に生まれ成長していく過程である人間形成において、一定の理念や目的にむかって意識的に働きかける営みとしての教育は、きわめて重要な意義を有しているからである。

　一般に、教育の意義という場合、主に、以下の２つの側面があると考えられる。１つは、個人の基本的要求（自己実現・幸福）に寄り添いながら目的意識的な営みにより自己形成を促すという側面である。２つは、社会の文化的要求（次世代を担う人材育成、伝統・慣習の継承）を汲み取りながら、社会の存続・発展の基盤を下支えし、社会の再生産に貢献していくという側面である（参照：荒井英治郎「学校制度と法」伊藤良高・大津尚志・永野典詞・荒井英治郎編『教育と法のフロンティア』晃洋書房、2015 年）。このように、教育は、個人としての自己形成と社会による文化的統制の機能としての目的意識的なかかわり（指導、援助、支援）の統一的過程ということができるが、この過程は、実際には、「さまざまの矛盾を含んで成立」（勝田前掲論文、28 頁）しているのである。

　現代日本において、教育の基本的な枠組を定めている教育基本法（2006 年 12 月公布）は、その前文で、「個人の尊厳を重んじ、真理と正義を希求し、公共の精神を尊び、豊かな人間性と創造性を備えた人間の育成を期するとともに、伝統を継承し、新しい文化の創造を目指す教育を推進する」と宣言したうえで、第１条で、教育の目的について、「教育は、人格の完成を目指し、平和で民主的な国家及び社会の形成者として必要な資質を備えた心身ともに健康な国民の育成を期して行われなければならない」と規定している。そして、第２条は、その目的を達成するために、第１号から第５号まで５項目にわたって教育目標を掲げている。また、教育に関する理念として、生涯学習に関する理念・生涯学習社会の実現（第３条）と教育の機会均等（第４条）について規定している。

　上述の教育の目的・目標に関する法規定は、日本国憲法（1946 年 11 月公布）に依ってたつ人類普遍の原理としての価値の多元性を前提としているものであ

り、その具体的なあり様^{よう}は、1人1人の人間が自律的・自主的に探究し追求していくべきものである。1人1人の人間は、常に、「教育とは何か」という旧^{ふる}くて新しい問いを自問自答^{じもんじとう}しながら、より人間的な成長・発達をめざしていくことが大切である。

本書は、教育の理念と思想を対象に、その歴史、現状、課題について理論的かつ実践的に考察しようとするものである。とりわけ、様々な教育的慣行が成立している学校教育（制度）にアプローチし、高度に目的意識的である教育の原理と実践をめぐる状況と問題点、その展望を明らかにしようとしている。本書の大きな特徴として、教育の理念と思想について、①注目すべきトピックを取り上げながら、関連する基礎的知識を網羅^{もうら}している、②教育学のみならず、保育学、心理学、社会学などの学問的成果をベースとしながら、多角的に検討している、③外国における主な議論や動向を取り上げている、など構造的かつ総合的な把握をめざしている。また、教育学及び関連分野の第一線で活躍している研究者が、最新の理論と実践を図、表、資（史）料を駆使^{くし}しながら、わかりやすく説こうとしている。重要ではあるものの、廻^{まわ}り道のすぐには役立ちそうにないと思われがちな教育の理念と思想について、とても身近で欠くことのできないものであると理解してもらえるよう隋所に工夫を凝らしている。

本書は、大学・短期大学・専門学校等において、教育の基礎理論（教育の理念・歴史・思想）及び教職について学ぼうとする学生諸君のための講義テキストとして、また、現任教員、教育関係者のための実務・研修テキストとして、さらには、教育問題に関心のある一般市民のための参考資料として編まれたものである。これまでに刊行されている「フロンティアシリーズ」の最新刊として企画されたものであるが、その名にふさわしいものとなっているか否かは、賢明な読者諸氏の判断に委ねるしかない。今後、読者諸氏の建設的なご意見やご教示を賜りながら、改善の努力を重ねていきたい。

最後になったが、厳しい出版事情のなかで、本書の出版を快諾された晃洋書房の川東義武社長、編集でお世話になった丸井清泰氏、校正でお手数をおかけした石風呂春香氏に、心から感謝の意を表したい。

2017 年 2 月 3 日

編　　者

目　　次

第1章　人間形成と教育の理念・思想

はじめに

　1人1人の人間が、人間として育てられ、育っていくことが人間形成であるとするならば、その過程においては、社会におけるあらゆる制度や集団、文化、慣習などの複合的な作用が働き、様々な影響を及ぼしている。そのようななかで、一定の理念や目的に向かって意識的、目的志向的に働きかける営みである教育は、いかなる役割と機能を果すことが期待され、また、実際に果しているのであろうか。

　本章では、こうした人間形成における教育のあり方について、その理念・思想という視点から総論的に考察することにしたい。内容としては、以下の通りである。まず、人間形成における教育の意義について検討する。そして、教育の目的としての理想的人間像の歩みについて触れ、その究極的な姿としての「人格の完成」論について整理する。最後に、現代日本における教育の理念・思想をめぐる課題について論じておきたい。

1　人間の形成と教育

　中谷彪は、次のように述べている。「子どもは、ある特定の文化のなかに生まれ、その社会の文化を習得して生きていく。このように、子どもが生まれた社会の文化を習得していくと同時に、その社会を改善し改革していくためにも、教育が必要となる。人間の社会において、教育という営みが永々と行われてきたのは、この所以である[1]」。この指摘にあるように、人間は、「子ども」と呼ばれる時期から、ある特定の社会のなかで様々な作用や影響を受けながら自己を形成していく。それは、マルクスの言葉を借りれば、「労働生産の様式や生産関係、経済諸制度、そして、政治的支配体制、法律・道徳・知識・芸術・宗教

などのすべてを含む社会的諸関係の複合を通して」[2]ということになるが、社会における様々な組織や諸々（もろもろ）の関係が、ときには矛盾や対立を伴いつつ、1人1人の人間形成に何らかのかたちで関わっているのである。

　こうした人間形成の過程にあって、教育はいかなる意義を有しているのであろうか。教育という営みは、人間の歴史とともに自然発生的に行われてきたといってよいが、そのあり方についての問いと答えは歴史的、社会的に変化してきたし、今もそうあり続けている。例えば、現代日本において、国レベルでは次のような考え方が提示されている。すなわち、「グローバル化の進展などにより世界全体が急速に変化する中にあって、産業空洞化や生産年齢人口の減少など深刻な諸課題を抱える我が国は、極めて危機的な状況」[3]にある。そのなかで、「教育こそが、人々の多様な個性・能力を開花させ人生を豊かにするとともに、社会全体の今後一層の発展を実現する基盤である。特に、今後も進展が予想される少子化・高齢化を踏まえ、一人一人が生涯にわたって能動的に学び続け、必要とする様々な力を養い、その成果を社会に生かしていくことが可能な生涯学習社会を目指していく必要がある」[4]などである。ここでは、「自立、協働、創造」をキーワードに、生涯学習社会の構築を旗印（はたじるし）として、個々人の自己実現と社会の「担い手」の増加がめざされている。教育とは何かを問うということは、一定の社会的、文化的環境のなかで、理想とする人間像（以下、「理想的人間像」という。）をいかにとらえ、どう描いていくかを問うということに他ならない。

　今、教育を、「ある一定の価値にむかって、計画的意識的に、人間の成長と発達を図っていく営みである」[5]と定義づけるならば、この定義中の「人間の成長と発達を図っていく」ということが教育の意義（または本質、本旨）とならなければならないであろう。なぜなら、「成長と発達をはからない教育というものは考えられない」[6]からである。しかしながら、現実の教育は、1人1人の人間の持つ可能性を引き出し伸ばすどころか、逆に、それを否定したり抑圧したりすることが少なくなかったし、また、少なくないのである。まさに、「どういう方向に、どの程度にまで、成長と発達をはかるか」[7]ということが、未来のより良い社会、文化のあり方と結びついてとらえられなければならない。

　このように考えてみれば、教育とは、一定の社会的、文化的環境のなかで、1人1人の人間が、いかにあるべき姿としての理想的人間像を追求していくのかにつながるものということができよう。「価値実現のための社会的過程」[8]で

ある教育を通じて、いかに人間らしい人間となるか、あるいは、より良い社会、文化を創造する主体となるかが問われているのである。

2　理想的人間像の追求と「人格の完成」論 ▰▰▰▰▰▰▰▰

　「教育は子ども・青年をはじめとする人間の発達に深くかかわり、すべての国民の生涯にわたる人間形成を任務とするから、本来、国民自らが権利や自由を行使しなければならない領域とされる。とくに現代公教育においては、日本国憲法26条が明記するように、教育は国民の権利とされている」。ここに記されているように、人間、特に子ども・若者が生涯にわたって人間として成長・発達していくために教育は必要不可欠なものであり、それを基本的人権として主体的にとらえておくことが大切である。

　こうした「権利としての教育」という考え方は、歴史的に遡れば、近代以降における人間教育の思想と結びついて形成されてきたものである。教育史家が明らかにしているように、エラスムス、コメニウス、ルソー、ペスタロッチ、フレーベル、コンドルセなどによって主張され、大切な教育的価値として継承されてきた近代教育思想が、20世紀になって以降、「教育を受ける権利」（または、教育への権利）として、各国憲法や国際条約などにおいて法的な保障（現実は別にして）を受けるにいたっている。現代世界は、「世界人権宣言」（国連、1948年12月）をはじめ、「児童の権利宣言」（国連、1959年11月）、「経済的、社会的及び文化的権利に関する国際規約（A規約）、市民的及び政治的権利に関する国際規約（B規約）（国際人権規約）」（国連、1966年12月）、「女子に対するあらゆる形態の差別の撤廃に関する条約（女子差別撤廃条約）」（国連、1979年12月）、「児童（子ども）の権利に関する条約」（国連、1989年11月）、「障害者の権利に関する条約」（国連、2006年12月）などを有しているが、これらの国際教育法にはそれぞれ、文言は異なるものの、理想的人間像としての「人格の完成」という、優れて高遠な教育目的が人権条項として盛り込まれている。例えば、「世界人権宣言」は、「教育は、人格の完全な発展並びに人権及び基本的自由の尊重の強化を目的としなければならない」（第26条第2項）と唱えているし、「児童の権利に関する条約」は、「児童の人格、才能並びに精神的及び身体的な能力をその可能な最大限度まで発達させること」（第29条第1項（a））と規定している。

　日本においても同様に、1947年3月に公布された「教育基本法」（旧法）第

　1条で、「教育は、人格の完成をめざし、平和的な国家及び社会の形成者として、真理と正義を愛し、個人の価値をたつとび、勤労と責任を重んじ、自主的精神に充ちた心身ともに健康な国民の育成を期して行われなければならない」と定められた。この「人格の完成」概念について、法制定当時、文部省は次のような解釈を示している。「人格とは人間の諸性質、諸能力、諸要求の統一、調和のすがたである。人間の諸能力は常に発展してやまないものであるから、それらの開発、発展、調和、統一が完成である。教育はかかる「人格の完成をめざす」ものでなくてはならぬ[11]」。ここには、個人の尊厳と価値との認識に基づいて、人間性に含まれているさまざまな能力が十分に引き出され、活かしつくされている状態、換言すれば、個々の人々の有する人間としての諸特性、諸能力の全方向的かつ調和的な発達・発展の姿が描かれている。理想的人間像としての「人格の完成」は、人類の達すべくして達しえない理想的な極点であるが、あきらめることなく、それを目標として1歩1歩近づいていくことこそ人間教育にとって最も大切であり、教育の基本的な目標であるという考え方がベースとなっている。20世紀半ば以降グローバルに措定されている「人格の完成」概念は、上述の歴史的文脈のなかでとらえられ、さらにより深く解釈、実践されていくことが求められる[12]。

3　現代日本における教育の理念・思想をめぐる課題

　では、現代日本における教育の理念・思想をめぐる課題とは何であろうか。以下では、3点、指摘しておきたい。

　第1点は、人間の究極的な理想的人間像である「人格の完成」概念について、個人の尊厳と価値の認識に基づいてとらえていく必要があるということである。2006年12月に全部改正された教育基本法第1条は、教育の目的について、「教育は、人格の完成を目指し、平和で民主的な国家及び社会の形成者として必要な資質を備えた心身ともに健康な国民の育成を期して行われなければならない」と規定している。そして、第2条は、その目的を達成するために、第1号から第5号まで5項目にわたって具体的な教育目標を掲げている。しかしながら、同法にあっては、「人格の完成」した人間像が、個人の価値の原則から出発するのではなく、国家及び社会の形成者（としての必要な資質）の育成に重きを置いたものとなっており、特に「伝統の継承」「愛国心・郷土愛」「公共の

精神」といった規定が、「かえって偏狭・狭隘で、閉鎖的な人間を育成するのではないか[13]」といった危惧が表明されている。このようではなく、教育目的としての「人格の完成」は、1人1人の人間として成長・発達し、自己の人格を完成、実現するということが大切にされなければならないのである。

　第2点は、現代日本における教育理念としての「生涯学習」理念について、1人1人の人間の要望・要求に即しながら、その内実をさらに豊かにしていくということである。教育基本法第3条は、生涯学習の理念について、「国民一人一人が、自己の人格を磨き、豊かな人生を送ることができるよう、その生涯にわたって、あらゆる機会に、あらゆる場所において学習することができ、その成果を適切に生かすことのできる社会の実現が図られなければならない」と規定しているが、同13条（学校、家庭及び地域住民等の相互の連携協力）の規定とも相俟って、多様な学習活動への支援や多様な学習活動の連携促進、多様な学習活動の成果に対する評価や活用の促進という3つの要素がおおむね含意されていると解されている[14]。そうであれば、国民1人1人の思考の独立や個性の発展をめざし、家庭教育、学校教育及び社会教育それぞれについて、より一層の振興が図られていく必要があろう。特に1990年代末以降、地方公共団体の財政難もあって、社会教育行政の停滞・後退（職員・事業費等の削減、社会教育施設の指定管理者制度の導入、社会教育行政の首長部局化など）が指摘されているが、子ども・若者を含む地域住民の主体的な社会教育活動支援という観点から、早急に改善していくことが望まれる。

　そして、第3点は、現代日本における教育理念としての「教育の機会均等」理念について、形式的にも実質的にも、その内実を保障、実現していくことが求められるということである。日本国憲法第26条第1項は、「すべて国民は、法律の定めるところにより、その能力に応じて、ひとしく教育を受ける権利を有する」と規定しているが、これを受けて、教育基本法第4条では、人種、信条、性別、社会的身分、経済的地位または門地による教育上の差別の禁止（第1項）や、障がいのある者に対する教育上必要な支援や経済的理由により就学困難な者に対する就学の措置に係る国及び地方公共団体の義務（第2項、第3項）について明示している。しかしながら、1990年代以降、「規制改革」「地方分権改革」をはじめとする構造改革の枠組のなかで、公教育制度の新自由主義的再編成が企図され、「集中と選択」による競争力人材の効率的産出や公教育の市場化・商品化が推進されてきている。それは、必然的に、教育の私営化をもたらし、私

費負担・応益負担が拡大するなか、教育の機会均等は失われ、出身階層による教育格差・貧困格差が拡大する傾向にある。就学前教育から高等教育に及ぶ公教育の無償制の拡大はもとより、すべての子ども・若者の生活基盤の保障と結びついた教育政策ないし子ども・若者政策の展開が不可欠である。[15]

おわりに

1994年に採択されたユネスコ「特別なニーズ教育における原則、政策、実践に関するサラマンカ声明」は、「すべての子どもは誰であれ、教育を受ける基本的権利をもち、また、受容できる学習レベルに到達し、かつ維持する機会が与えられなければならず、すべての子どもは、ユニークな特性、関心、能力および学習のニーズをもっており、教育システムはきわめて多様なこうした特性やニーズを考慮に入れて計画・立案され、教育計画が実施されなければならず」と述べ、「インクルージョンと参加こそ、人の尊厳や人権の享受と行使にとって必須のものである」と提唱している。[16] ここには、すべての子どもに質の高い教育を保障するとともに、すべての人間を歓迎する地域社会（インクルーシブ社会）を構築していくことの大切さが明示されている。同声明に見るように、これからの人間形成と教育の理念・思想において、1人1人の子どものニーズに応じた児童中心、ないし、すべての人間の相違と尊厳を尊重した人間中心の考え方がその基本となっていかねばならないといえよう。

┃ 演習問題 ┃
1. 人間形成における教育の意義についてまとめてみよう。
2. 自分自身が追求したい理想的人間像について考えてみよう。
3. 現代日本における教育の理念・思想をめぐる課題について整理してみよう。

注
1) 中谷彪『子どもの教育と親・教師』晃洋書房、2008年、16頁。
2) マルクス「フォイエルバッハに関するテーゼ（第6テーゼ）」1845年。参照：勝田守一編『教育学』青木書店、1958年；中谷彪・伊藤良高編著『改訂版 歴史の中の教育〈教育史年表〉』教育開発研究所、2013年。

3）文部科学省「教育振興基本計画」（閣議決定）2013 年 6 月。

4）同上。

5）中谷彪『教育基本法と教員政策』明治図書、1984 年、61 頁。

6）同上、58 頁。

7）同上。

8）勝田編前掲書、30 頁。

9）鈴木英一・川口彰義・近藤正春編『教育と教育行政——教育自治の創造をめざして——』勁草書房、1992 年、1 頁。

10）参照：中谷彪・小林靖子・野口祐子『西洋教育思想小史』晃洋書房、2006 年；中谷・伊藤編前掲書、他。

11）文部省『教育基本法説明資料』1947 年 3 月。

12）伊藤良高「人間形成と道徳——価値観多様化時代の「人格の完成」論——」（伊藤良高・冨江英俊・大津尚志・永野典詞・冨田晴生『道徳教育のフロンティア』晃洋書房、2014 年）及び同「人間形成と保育・教育——心身の健やかな発達を考える——」（伊藤良高・下坂剛編『人間の形成と心理のフロンティア』晃洋書房、2016 年）などにおいて、同様の議論を展開している。併せて参照されたい。

13）中谷彪『子どもの教育と親・教師』晃洋書房、2008 年、71 頁。

14）久井英輔「社会教育・生涯学習と法」伊藤良高・大津尚志・永野典詞・荒井英治郎編『教育と法のフロンティア』晃洋書房、2015 年、87 頁。

15）参照：伊藤良高・永野典詞・大津尚志・中谷彪編『子ども・若者政策のフロンティア』晃洋書房、2012 年。

16）ユネスコ・スペイン政府共催・特別なニーズ教育に関する世界会議「特別なニーズ教育における原則、政策、実践に関するサラマンカ声明」及び「特別なニーズに関する行動のための枠組み」（国立特別支援教育総合研究所訳）、1994 年。

参 考 文 献

伊藤良高『増補版　幼児教育行政学』晃洋書房、2018 年。

伊藤良高編著『教育と福祉の課題』晃洋書房、2014 年。

伊藤良高編集代表『ポケット教育小六法』晃洋書房、各年版。

伊藤良高・伊藤美佳子『子どもの幸せと親の幸せ——未来を紡ぐ保育・子育てのエッセンス——』晃洋書房、2012 年。

伊藤良高・岡田愛・荒井英治郎編『教育と教職のフロンティア』晃洋書房、2021 年。

伊藤良高・永野典詞・三好明夫・下坂剛編『新版　子ども家庭福祉のフロンティア』晃洋書房、2015 年。

第2章　近代のヨーロッパの教育思想の展開

——ペスタロッチ・ヘルバルトを中心に——

はじめに

　親は子どもに寄り添いながら絶えず教育的愛情を注ぎ、教師は教育の専門家として児童生徒を知的にも道徳的にも成長させるべきである——現代において当たり前とされるこうした考え方はじつは近代のヨーロッパにおいて発展した教育思想に由来している。本章では、後世に絶大な影響力を誇る近代教育の父ペスタロッチ（Pestalozzi, J. H., 1746-1827）と、合理的な教員養成システムを整備すべく教育学の体系化を目指したヘルバルト（Herbart, J. F., 1776-1841）に注目し、近代ヨーロッパにおける教育思想の展開を概説する。

1　ペスタロッチの生涯

　ペスタロッチは外科医の息子として1746年スイスのチューリッヒに生まれた。5歳の時に父を亡くしてからは経済的に困窮した生活を余儀なくされたが、母親の愛情に包まれて育ったという。学生時代に参加したゲルヴェ・ヘルヴェチア協会（通称：愛国者団）の活動を通して貧困問題の解消など社会改革の必要性を感じたペスタロッチは、一方で自然主義者ルソーの著作『エミール』にも感銘を受け、ノイホーフと名づけた土地で自ら農場経営をはじめる決意を固めた。残念ながら農業は失敗に終わったが、自然豊かなこの土地に貧しい子どもたちを集め学校を開設することを思いつき、1774年ノイホーフ貧民学校を設立した。教育者ペスタロッチの誕生である。

　1780年に学校経営が破綻してからのペスタロッチはしばらく執筆活動に傾注し、ノイホーフでの教育実践をまとめた『隠者の夕暮』（1780年）をはじめ、1781年には『リーンハルトとゲルトルート』の第1部、1783年には『立法と嬰児殺し』、1797年には『人類の発展における自然の歩みに関する我が探求』

などの著作を次々と世に問うた。

　1798 年からはシュタンツ孤児院の運営を任
されるかたちで再び教育実践に携わることとな
り、『シュタンツだより』(1799 年) や『ゲルトルー
トはいかにしてその子を教えるか』(1801 年) な
どの著作を執筆しながら、ブルクドルフやミュ
ンヘンブッフゼー、イフェルテンなど、各地で
自ら学校を開き、精力的に教育実践を行った。

　もっともペスタロッチの教育実践は、たとえ
ばノイホーフの貧民学校が 6 年ほど、シュタン
ツの孤児院に至ってはわずか半年足らずで閉鎖
を余儀なくされたように、決して順風満帆なも
のではなかった。しかし、何度失敗しても諦め

図2-1　ペスタロッチの肖像画

ることなく教育実践の成果を著作にまとめ、その執筆や出版によって得られた
報酬を次なる教育実践へ注ぎ込むというライフサイクルを生涯貫いた。時間も
労力もお金も含めた人生のすべてを世の中の子どもたちとその教育に捧げたペ
スタロッチの献身的姿勢は、彼自身の墓に刻まれた「すべては他が為にし、己
が為には何ものをも (Alles für Andere, für sich Nichts)」という墓碑銘の一節に象
徴されている。

2　ペスタロッチの教育思想

　教育思想家であると同時に教育実践家でもあったペスタロッチの教育思想は
いずれも、現実の子どもに寄り添うという点をその共通基盤としている。たと
えばそれは「メトーデ[2]」と呼ばれる彼の教授法においても同様である。

　ペスタロッチによれば教授の最終目標は、世の中に起こるさまざまな現象の
構造や因果関係を子ども自身が抽象的概念を用いながら明晰に説明できること
である。しかし、子どもは最初からこのような知的能力を有しているわけでは
ない。ペスタロッチがこのとき注目したのが「直観」である。すなわち、抽象
的概念を教える前にまず具体的事象に触れさせ、その数や形や言葉について子
ども自身が直観的に知覚することを重視したのである。こうした感覚的認識の
基礎基本のことを彼は「直観の ABC」と呼び、教授は「曖昧な直観」から「明

図2-2 シュタンツ孤児院におけるペスタロッチ

晰な概念」へと子どもの発達段階に寄り添いながら行うべきと説いた。直観教授を基盤とした彼のこの教授法（メトーデ）は、その後の学校教育に多大なる影響を及ぼすこととなる。

　その一方でペスタロッチは、「居間の教育」というキーワードを用いて家庭教育の重要性をも強調した。居間とは、言うまでもなく家族全員が集う家庭の象徴的空間であるが、注意しなければいけないのは、ここで言う「居間の教育」がいわゆる「リビ勉」、すなわち居間（リビング）で勉強することを指すのではないという点である。この言葉でペスタロッチが訴えたかったのは、ひとつ屋根の下で親と子が寄り添いながら暮らすということの大切さであり、家族団欒（だんらん）の教育効果である。「生活が陶冶する（Das Leben bildet）」という晩年の言葉もまさにこの文脈において理解しなければならない。「陶冶（Bildung）」が人間形成という意味であることを踏まえれば、その意図は明白であろう。子どもは家庭生活の中でこそ人間的な成長を遂げることができる——この洞察は、親や家を失った多くの孤児に寄り添い続けてきたペスタロッチだからこそ辿り着くことができた真理である。

　ペスタロッチの教育思想はすべて彼自身が携わった実践から紡ぎとられた理論であり、その理論は必ずまた実践へと還元されていった。その意味では彼自身が理論と実践の融合体であった。ペスタロッチの場合、著作や概念だけではなく、数々の教育実践、さらに子どもたちに寄り添う姿勢や教育的愛情も含めた生き方のすべてがその教育思想であると言ってもよいだろう。

3　ヘルバルトによる教育学の体系化

　ヘルバルトは法律家の息子として1776年ドイツのオルデンブルクに生まれた。ギムナジウム時代に出会ったカント哲学の影響は大きく、国民1人1人の道徳的品性の陶冶こそが国家の安泰を約束するというヘルバルトの基本的理念の礎はこのとき築かれたとされるが、教育学者としての彼にとって決定的転機となったのはペスタロッチとの出会いであった。

イエナ大学卒業後に家庭教師をつとめて
いたヘルバルトがブルクドルフのペスタ
ロッチのもとを訪れたのは 1799 年のこと
であった。ペスタロッチの教育実践を目の
当たりにするとともに、彼の人間性と教育
的情熱に深い感銘を受けたヘルバルトは、
1802 年に『ペスタロッチの近著『ゲルト
ルートはいかにしてその子を教えるか』に
ついて』と『ペスタロッチの直観の ABC
の理念』を相次いで発表し、ペスタロッチ
教育思想の魅力や意義を世の中に訴えよう
とした。

図2-3　ヘルバルトの肖像画

　しかし、ヘルバルトはここである課題に直面することになる。それは、ペス
タロッチ以外の誰かが彼の教授法を用いた場合に果たして同じ効果を得ること
ができるかという疑問である。こうして彼は、主観的・個人的な要素が含まれ
た教育思想や教育論を客観的・科学的に吟味することの必要性を実感する。こ
の卓越した教育実践や方法論をペスタロッチ個人のものにとどめるのではな
く、世間一般の教師たちと共有するために、ヘルバルトは体系的教育学の構築
を目指したのである。

　1806 年に『一般教育学[3)]』を公刊したヘルバルトは、1809 年にケーニヒスベ
ルク大学教授となり、カントの後任として教育学の講義を担当することになる。
さらに 1814 年には同大学に教育学ゼミナールを開設し、教授法等の研究を進
めながら教員養成にも携わった。個人的な経験に基づいて主観的に語られがち
な教師の仕事を、科学的な検証を踏まえ可能な限り客観的に記述すること——
これこそがヘルバルトの目指した教育学であり、それはまた教員養成のための
テキスト、次代を担う未来の教師たちへの贈り物でもあった。

4　ヘルバルト教育学の特質

　ヘルバルトは教師の仕事として管理・教授・訓練という 3 つの作用を挙げ、
これらがバランスよく機能してはじめて理想の教育は実現されうると考えた。
　管理とは、子どもの衝動や欲望を制御しつつ校内や教室内に秩序をもたらす

ことである。教授とは、教材を用いて子どもの認識能力を向上させることであり、教科指導を中心とした授業を指している。また訓練は、教材を用いず教師が直接子どもに働きかけることによって道徳的な成長を促す行為であって、現実の学校教育に当てはめれば、生徒指導や進路相談から部活動の指導にまで及ぶ課外指導がちょうどこれに該当するといえよう。学園ドラマの構図で整理するなら、主人公の熱血教師は訓練、同僚教師たちは教授、そして主人公と対立する意地悪い教頭が管理といったところであろうか[4]。

　注意しなければならないのは、3つの作用のうち教育行為と認められているのは教授と訓練だけであって、管理は厳密な意味において教育行為には含まれていないという点である[5]。ただ、今日の学級崩壊の例を出すまでもなく、教室内の秩序づくりは効果的な教育を行うためには欠かせない重要な仕事でもある。ヘルバルトは教師の仕事をこのように総合的に捉え、どのようにすれば効率的な教育が実現できるのかという問いに向き合ったのである。

　その代表的成果がいわゆる教授段階説である。ヘルバルトは明瞭→連合→系統→方法というキーワードを用いて子どもの認識プロセスを把握し、教師による教授活動は段階的に行われるべきであると主張した。この教授段階説はツィラー（Ziller, T.）やライン（Rein, W.）などヘルバルト学派と呼ばれる弟子たちによって継承され、いわば教育の合理化の代名詞的存在となる。なかでもラインの予備→提示→比較→総括→応用という5段階教授法[6]は有名である。

　単刀直入な概念の説明に比べれば、段階を踏んで授業を進めるこの教授法はたしかに一定の時間と労力を必要とする。しかし、ヘルバルトらの提唱した教授段階説は、設定された教育目標に確実かつ効率的に到達しうるという意味においてきわめて合理的な教育方法であると評価され、効果的な教授法を求める世界中の教師から支持されることになる[7]。近代ヨーロッパの教育思想はヘルバルト教育学によって成熟期を迎えたのである。

おわりに

　教育の合理化を目指した近代教育の試みはやがて批判的克服の対象となる。とりわけ教授段階説は教育を機械化するものとして厳しく糾弾され、子どもを蔑（ないがし）ろにする教師中心主義の悪しき旧教育と目されたヘルバルト教育学は、19-20世紀転換期頃にドイツをはじめ世界各地で興った児童中心主義の新教育

運動によって徹底的に批判されることになった。

　しかしながら、21 世紀の今日もなお学校教育や教員養成制度が存続しているというもう 1 つの事実にこそ私たちは注目すべきではないか。そもそも大学の教職課程で本書のようなテキストを手にとって教師になるためのトレーニングを受けていること自体が教育学を構築したヘルバルトの功績にほかならないし、その中で語られるペスタロッチの姿勢や教育思想は今日なお多くの教師の精神的支柱となっていると聞く。ペスタロッチやヘルバルトに代表される近代ヨーロッパの教育思想は、遠い国の単なる昔話ではなく、現代の日本においても脈々と息づいている生きた教育思想なのである。

▌演習問題▐

1. ペスタロッチの著作（長田新訳『隠者の夕暮・シュタンツだより』岩波書店、1993 年）を実際に読んで感想をレポートにまとめてみよう。
2. 現代の学校教育の中にあるヘルバルト教育学的な要素を探してみよう。
3. 近代のヨーロッパには他にどんな教育思想家がいたのかを調べてみよう。

注

1) 『リーンハルトとゲルトルート』は第 4 部まで出版された。
2) 「メトーデ」とは「方法」という意味を持つドイツ語 "Methode" をそのままカタカナ表記したものであるが、これを「方法」と訳さず慣例的に「メトーデ」と表記するのは、この教授法の普遍妥当性を強調しようとしたペスタロッチへの最大限の敬意からであろう。
3) タイトルにある「一般」という言葉にヘルバルトの意図を読み取ることができる。すなわち彼は、ペスタロッチのようなカリスマ性を持たない一般的な教師が用いても成功する普遍的教授法を世の中にいるすべての教師に伝えようとしたのである。なお正式な書名は『教育の目的から演繹された一般教育学』である。
4) 『GTO』（© 藤沢とおる）で説明するなら、鬼塚英吉は生徒の道徳的成長を促し【訓練】、勅使河原優は受験合格率 UP のための授業に心血を注ぎ【教授】、教頭の内山田ひろしは個々の生徒に対する教育的ケアよりも校内秩序の維持を重視する【管理】という構図である。
5) 学園ドラマを視聴する中で、自ずと主人公の教師に共感し、管理職のやり方に腹を立てるのは、そこに教育／非教育の相違があるからかもしれない。
6) 二等辺三角形の授業を例に考えてみよう。教師はまず二等辺三角形の説明に入る前に、

学習済みである三角形の概念をあらかじめ想起させる【予備】。そのうえで今回の学習内容である二等辺三角形を子どもに見せる【提示】。そして、いま提示されたばかりの二等辺三角形と既習の三角形とを子どもたちに比べさせ、両者の共通点や相違点を確認していく【比較】。二辺の長さや二角の大きさが等しいという特徴を整理していきながら、改めて二等辺三角形概念の性質や意味をまとめ【総括】、最後に二等辺三角形の作図や求積などの課題に取り組ませる【応用】。これがラインの5段階教授法である。

7）1887年に帝国大学へ招聘されたハウスクネヒトがヘルバルト教育学を講じたことにより、その影響は日本の教育界へも及んだ。

参 考 文 献

小笠原道雄・森川直・坂越正樹編『教育学概論』福村出版、2008年。

勝山吉章編著『西洋の教育の歴史を知る』あいり出版、2011年。

教育思想史学会編『教育思想事典 増補改訂版』勁草書房、2017年。

坂越正樹監修 丸山恭司・山名淳編『教育的関係の解釈学』東信堂、2019年。

第3章 アメリカの教育思想

——デューイの経験主義を中心に——

はじめに

　本章では、近代において「公教育」制度が国民教育制度として確立した19世紀後半から20世紀初頭のアメリカ合衆国の教育思想をとりあげる。アメリカ独立期のT. ジェファソン（Jefferson, Thomas 1743-1826）、19世紀半ばに活躍した「アメリカ公立学校の父」H. マン（Mann, Horace 1796-1859）らが目指した公教育の理念が、制度的には、ようやく実現に至った時期といえる。アメリカのみならず欧州諸国や日本において、授業料の無償制、世俗性、初等教育の義務制化を主軸とした「公教育」制度は、しかしながら、実際には国民統合を目的とした国民教育制度であった。そこでは、教育内容の主知主義、教育方法における暗記主義をはじめとした画一主義、同時に、教室空間における「教師中心」の教育的関係が一般的特徴であった。これら国民教育制度の状況を批判し、総じて子どもの興味・関心に基づく、自発的活動の尊重を基盤とした「新教育」（New Education/ L' Education Nouvelle）の教育思潮が登場し、またたく間に、新教育運動（New Education Movement）として学校教育界を席巻する改革運動のうねりとなった。アメリカにおける「新教育」の思潮の流れは、進歩主義教育（Progressive Education）運動と呼ばれる教育革新運動において隆盛をきわめる。伝統的教育の権威主義的諸特質からの子どもの解放、書物中心ではなく活動中心、「教師中心」的ではなく「子ども中心」的といった文脈で概してアメリカの「新教育」は進歩主義教育と整理可能だが、本章ではより精確に、先駆的な「新教育」の動向にまずふれた後、進歩主義教育をとりあげることになる。なかでも、進歩主義教育の中心的役割を担ったジョン・デューイ（Dewey, John 1859-1952）の教育思想に着目する。

1 先駆的な新教育運動
——1890 年代前半までの「新教育」——

アメリカにおける「新教育」の先駆的運動は、1860 年代から 1870 年代にかけて最盛期を迎えたオスウィーゴー運動（Oswego Movement）や、1875 年に開始されたクインシー運動（Quincy Movement）に代表されよう。

オスウィーゴー運動は、アメリカにおいてペスタロッチの教育実践を普及させようとした E.A. シェルドン（Sheldon, E. A. 1823-1897）により積極的に進められた。シェルドンは、ニューヨーク州オスウィーゴーの教育長であり、オスウィーゴー師範学校校長としてペスタロッチ教育法による教員養成に努めた。1862 年発刊の『初等教授の手引き』（*A Manual of Elementary Instruction*）においてペスタロッチの教育理論や教育方法を紹介するのみならず、シェルドンは率先して教育実践の伝播活動に邁進したのである。1870 年代にはおよそアメリカ全土に知られるところとなり、運動はピークに達した。

こうしたシェルドンによるペスタロッチ主義標榜に対し、ベルリン大学に学んだ F.W. パーカー（Parker, F. W. 1837-1902）はフレーベル主義を謳うことでクインシー運動を展開したといえる。もちろん、ドイツ留学を経たパーカーも、ヘルバルトやペスタロッチ派の教育方法をアメリカに紹介したが、自らも認めるようにフレーベル教育思想からの影響は強い。パーカーは、マサチューセッツ州クインシーの教育長に就任した 1875 年にこの運動を開始し、さらに 1883 年から 1889 年まではイリノイ州シカゴ近郊のクック郡師範学校校長として、フレーベル主義による「新教育」の実践を推し進めた。パーカーが実践を試みたいずれの教育改革（運動）も、キンダーガルテン〔幼稚園〕創設者フレーベルの児童神性論を基盤としながら、書物中心主義を否定し、いわゆる児童中心主義的な教授法を主唱した学校改革（運動）であった。このような学校改革は、パーカーが『地理学習法』（*How to Study Geography*, 1889）や『中心統合法の理論』（*Theory of Concentration*, 1894）において理論化したように、カリキュラムの中心に自然科学（地理学／郷土地理）を据え、子どもの自己活動を重視した生活活動中心の教育改造であった。そして、パーカーを「進歩主義教育運動の父」と讃えた人物こそ、「総じて子どもの個性を尊重し、子どもの成長・発達を助成するという思想的基盤においては共通するものがあった」[1]とされる「進歩主義教育」の理論的・実際的な支柱的存在であった、20 世紀アメリカを代表する哲

学者・教育学者デューイである。

2　デューイの経験主義

1　「子どもが学校の中心」──子どもの自発的活動の尊重──

　前節でみてきたように、およそ 1890 年代前半までのアメリカの「新教育」は、運動としての隆盛をみながらも、欧州における改革的教育実践の移入にとどまり、とりわけ教育方法をめぐる技術的模倣の域を出なかったといって過言ではない。そのような状況のなかで、ヘーゲル研究から離れ W. ジェイムズ（James, William 1842-1910）に代表されるプラグマティズムを志向していたデューイの実験的教育実践が登場する。ひろくデューイの教育思想や教育実践の特徴を総括的に指して経験主義（教育）といわれるが、第 2 節ではその原理に係わるいくつかの教育思想的特徴を中心に説明していきたい。

　1859 年、ヴァーモント州バーリントンに生まれ、大学時代より哲学に関心を抱きながら、やがて 1894 年にシカゴ大学の哲学・心理学・教育学の学部長に就任していたデューイは、1896 年、妻とともにシカゴ大学附属小学校として「実験（室）学校（Laboratory School）」を創設する。「デューイ・スクール（The Dewey School）」とも呼ばれるこの「実験学校」は、デューイが思考した教育理論のいわば仮説が検証的に実践される場であった。

　翌年発表の「私の教育学的信条」（My Pedagogic Creed）ですでに実験的教育実践の基本的考えは看取できるが、開校後 3 年を経た 1899 年、デューイは「実験学校」での成果を『学校と社会』（*The School and Society*）としてまとめる。そのなかで、子どもや教育的営みをめぐる現代的かつ将来的すがたを、コペルニクス的転回になぞらえて闡明にする。教室における書物中心、暗記主義中心、「教師中心」といった「旧教育」から、子どもの興味や関心に基づいた自発的活動が尊重される「子ども中心の教育」への革命的変革が期待された。「今日わたしたちの教育に到来しつつある変化は、重力の中心の移動にほかならない。（中略）このたびは子どもが太陽となり、その周囲を教育のさまざまな装置が回転することになる。子どもが中心となり、その周りに教育についての装置が組織されることになるのである」[2]。「旧教育」に特徴的な、学校で子どもを固定的に机と書物に縛りつける状況、教員があらかじめ設定した教科中心のカリキュラムや「教師中心」、といった権威主義的論理を否定したのである。とはいえ

デューイの提唱する「子どもが（学校の）中心」とは、子どもの自分勝手な気ままを促すことを意味しない。民主主義社会の成員育成のためには、学校（教育）は社会変革を担う重要な手段と捉えていたデューイにとって、他者との協同的活動を無視した教育実践が想定されることはなかった。

2 「為すことによって学ぶ」──プラグマティズムの哲学者──

　一般的にデューイはプラグマティズム（Pragmatism）の哲学者と称される。学派の成り立ちからも、およそアメリカ的な歴史的文化的背景の所産といえるプラグマティズムは、ギリシャ語で「行為」を意味する「プラグマ（pragma）」を語源としていることが理解をたすけよう。端的には、観念的・思弁的ではなく、人間の経験や行動を重視する思想・哲学である。デューイは教育（学）においてもプラグマティズムの哲学が有効であると考えていた。19世紀末から第1次世界大戦前まで、デューイの主要な関心事の1つは、観念を実践において試みるプラグマティズムの哲学を、教育の理論と実践に適用することであったといわれる。[3]「実験学校」において子どもの自発的活動を重視する教育を提起したデューイは、人間は「為すことによって学ぶ」（Learning by Doing）とし、行為の重要性をうた謳い、子どもの具体的な「経験」を重視した。

3 「経験の再構成」としての「教育」──環境との相互作用──

　経験概念を中心に据えたデューイによる有名な「教育」の定義がある。「教育の専門的な定義」として主著『民主主義と教育』（*Democracy and Education*）で明言された。「教育とは、経験の意味を増加させ、その後の経験の進路を方向づける能力を高めるように経験を改造ないし再組織することである」。[4]教育観をめぐっても「経験の絶え間ない改造」[5]と記述する。これらはすなわち、「経験の再構成」が「教育」とする論理の表明である。そもそもデューイは「生活は発達であり、発達すること、成長することが、生活なのだ」とし、それを「同じ意味をもつ教育的表現に翻訳するならば」、「教育の過程はそれ自体を越えるいかなる目的ももっていない」「連続的な再構成、改造、変形の過程」[6]と述べている。デューイが子どもの生活経験の不断の再構成〔再構築〕という行為自体に教育（の目的や方法）を位置づけたことは、経験主義（教育）の根源的原理を象徴するものといえよう。そして、この「経験の再構成」の論理は同時に、子どもが他者と共に生活する、他者と協同して生きることも含意されている。

事実、デューイは学校において「オキュペイション〔専心活動〕[7] (occupation)」として、たとえば「工作室作業、調理や裁縫、さらには織物作業」のように「社会生活において営まれているある種の形態の作業を再現[8]」することで、おとなによる実際の協同的生活に係わる活動に一心に集中して取り組める学習活動を提唱したり、知的な「反省的思考」の重要性の主張、さらには問題の解決の過程を学習形態として組織した問題解決学習の理論を提起した。いずれにあってもデューイは、人間の思想は他者の存在する環境との相互作用によって生み出され、学習は「環境との相互作用における経験の不断の再構成」と考えていた。デューイが実験的教育において望んだ子どもの興味や関心に基づいた自発的活動は、同時に協同的活動という社会的活動を意味していたのもそれゆえである。そしてこのようなデューイの実験的な経験主義 (教育) の理論と実践が、進歩主義教育の象徴的共通項とみなされることも少なくないといえよう。

4　民主主義社会の標榜

デューイが登場した 19 世紀後半のアメリカは、工業化社会への転換、競争第一主義の市場経済拡大による社会的混乱や階級的人種的問題の深刻化が著しかった。みてきたように、デューイがさまざまな教育実践に挑んできた根底には、当時のアメリカ社会の疲弊を抜本的に改善したいという強い信念があった。一言でいえば、民主主義社会の理想の希求、民主主義社会実現への希望である。『民主主義と教育』第 7 章内の「民主的理想」という項でデューイは次のようにいう。「民主主義は単なる政治形態でなく、それ以上のものである。つまり、それは、まず第 1 に、共同生活の一様式、連帯的な共同経験の一様式なのである[9]」。あるいは、同書「序」冒頭の執筆目的で、民主主義社会の諸理念を「教育という事業の諸問題に応用しようとした一つの努力の表明[10]」と明言している。これらの示唆する要は、デューイが、異質な他者と共生する自由な個人を尊重し、民主主義社会において他者との協同活動に参加する主体的個人を期待していたことであったと理解されよう。

表3-1　デューイ略年表

1859年	ヴァーモント州バーリントンに中産の食料品商の三男として生まれる
1879年	ヴァーモント大学卒業、高校教員、小学校教員に
1882年	ジョンズ・ホプキンズ大学大学院哲学部進学、のち博士号取得
1884年	ミシガン大学に就任　1894年　シカゴ大学教授
1896年	シカゴ大学附属小学校（実験（室）学校）創設
1899年	『学校と社会』　1902年「子どもとカリキュラム」
1904年	コロンビア大学哲学部・教育学部教授（同僚にキルパトリック、カウンツら）
1916年	『民主主義と教育』
1919年	進歩主義教育協会（PEA、会長スタンウッド）結成・参画、日本・中華民国訪問
1921年	『人間性と行為』　1929年『確実性の探究』　1934年『経験としての芸術』
1937年	トロツキー擁護の委員会結成　1938年『経験と教育』
1952年	93歳で逝去

3　進歩主義教育（運動）の展開と批判

　デューイによる実験的教育実践の理論は、やがて W. H. キルパトリック（Kilpatrick, William Heard 1871-1965）によりいっそうの具体的方法化が試みられ、1918年に「プロジェクト・メソッド」（Project Method）として提示され1920年代アメリカに広まった。1919年には「進歩主義教育協会」（Progressive Education Association：PEA）が結成され、1920年、H. パーカースト（Parkhurst, Helen 1887-1959）によりいわゆるドルトン・プラン（Dalton Plan）が、他に「ウィネトカ・プラン」（Winnetka Plan）等の教育実践が隆盛し、進歩主義教育（運動）は1910年代から1920年代を通じて全盛期を迎えた[11]。だが、協同的社会的側面がないがしろにされた個人主義的な「児童中心主義」への傾斜や、1929年アメリカの大恐慌に因る「子ども中心」に対する反動ゆえの批判が高まり、さらには第二次世界大戦の危機と連動して、進歩主義教育のおよそ民主主義的教育理念の側面にまで、それらの激しい批判の矛先が向けられていった。

おわりに

　以上のように、19世紀後半から20世紀初頭における代表的なアメリカの教育思想は、パーカーらの先駆的な新教育運動を萌芽としながら、総じて進歩主

義教育として、なかでもデューイの経験主義（教育）を中心に開花したのであった。人間の行為を重視したデューイは、子どもの自発的活動を尊重し、「教育」を「経験の再構成」と捉えて、民主主義社会に生きる協同的な社会的人間を期待した。権威主義的社会状況の暗雲立ち込めるなか、理想へのあくなき信頼のみならず科学的であろうとしたデューイの教育思想に、いまなお学ぶところは少なくない。

┃演習問題┃

1. デューイのいう「重力の中心の移動」とはどのような意味なのか、説明してみよう。
2. 「為すことによって学ぶ」というデューイの考えかたについて、自分自身の考えをまとめてみよう。
3. 『民主主義と教育』というタイトルにデューイが込めた想いを考えてみよう。

注

1) 市村尚久「進歩主義教育」、教育思想史学会編『教育思想事典』勁草書房、2000 年、440 頁。
2) デューイ，J.（市村尚久訳）「学校と社会」『学校と社会　子どもとカリキュラム』講談社学術文庫、1998 年、96 頁。（原書：Dewey, John, *The School and Society*, 1900.〔The University of Chicago, 1990.〕）
3) バッツ，R. F.・クレメン，L. A.（渡部晶・久保田正三・木下法也・池田稔共訳）『アメリカ教育文化史』学芸図書、1977 年、401 頁。また、デューイが「行動主義の哲学に共鳴するに至ったのは、彼の生いたった庶民的な家庭環境の実践生活に加えて、常に問題の解決を要求するアメリカ大陸の発展に大きく影響せられたからである」（松浦鶴造「デューイの道徳教育論」、日本デューイ学会編『デューイ教育理論の根本問題——デューイ誕生百年祭を記念して——』刀江書院、1961 年、187 頁）との指摘を確認しておきたい。
4) デューイ，J.（松野安男訳）『民主主義と教育』（上）岩波書店、1975 年、127 頁。（原書：Dewey, John, *Democracy and Education, An Introduction to the Philosophy of Education*, 1916.〔*Text-Book Series in Education*, ed. By Monroe, Paul, New York, the Macmillan Company, twenty-eighth printing, 1955.〕）
5) 同上、132 頁。
6) 同上、87 頁。
7) なお、本章では「仕事」という旧来の訳語ではなく田中智志による以下の論考（田中智志「プロジェクト活動と知——表象知と生の経験」『研究室紀要』第 37 号、東京大学大学院教育学研究科基礎教育学研究室、2011 年、3 頁）等にしたがい「専心活動」を用

い示した。

8）デューイ（市村訳）「学校と社会」、前掲書、205頁。

9）デューイ（松野訳）『民主主義と教育』（上）、前掲書、142頁。

10）同上、4頁。

11）「進歩主義教育」は狭義には「進歩主義教育協会」が牽引役の教育理論や実践を指すが、
「歴史的事実としてみれば」「パーカーの功績が先駆」（田浦武雄『デューイ研究』福村
出版、1969年、29頁）といえる。

参考文献

田中智志『社会性概念の構築――アメリカ進歩主義教育の概念史』東信堂、2009年。

デューイ, J.（市村尚久訳）「子どもとカリキュラム」『学校と社会　子どもとカリキュラム』
講談社、1998年。（原書：Dewey, John, *The Child and the Curriculum*, 1902.［The University
of Chicago, 1990.］）

デューイ, J.（市村尚久訳）『経験と教育』講談社、2004年。（原書：Dewey, John, *Experience
and Education*, The Macmillan Company, 1938.）

第4章　「教育人間学」の歴史的意味と可能性

はじめに

　私たちは、何故、人間としてこの世に生まれ、成長し、学び、働き、子を産み育て、老いて、死ぬのであろうか。自己が自己であることの意味。そしてその自己が他者ではないことの意味。その他者と共にこの世界に生き、生成することの意味。被る悦び、苦しみ、悲しみの意味。そして死んでいくことの意味。「教育人間学」とは、私たち自身の存在根拠を問うという人間学的な問いの「ゼロ地点」に教育学が立ち還らざるを得ない状況下で始まる思想運動、換言すれば「人間とは何か」という常に未決の問いに、できるだけ引き付けて「教育」の諸位相を語り直そうとする学問であると、ここでは考えたい。ただ、他方において科学としての教育学は、近代啓蒙主義の産物であり、顕著にその性格を身に纏（まと）って発展してきた歴史的経緯がある。その中で、以上の「問い」は問われることなく、自律的主体（国民、市民）の形成という近代の自明化された目的によって隠蔽（いんぺい）される傾向にあった。そうした状況下で教育学は、方法主義と技術主義に傾斜していかざるを得なかったのである。もちろん、そこに危機感を抱いて登場した「教育人間学」であったが、20世紀においてそれはどのような歴史的意味をもっていたのか。また21世紀の徹底的なテクノロジーとシステム支配の中にあって、「教育人間学」が有する可能性はどこにあるのだろうか。本章では、これまでの研究動向を紹介し、このことを考える縁（よすが）としたい。

1　教育人間学の登場
——哲学的人間学の問題意識を受けて——

　「教育人間学（Pädagogische Anthropologie）」は、第2次世界大戦後、ドイツ語圏を中心に西欧で1950年代半ばから芽生えだした思想運動である。日本では、ボルノウ（Bollnow. O. F）、ランゲフェルト（Langeverd. M. J）、ロート（Roth. H）ら

がその代表者として紹介されたが、その内容や研究方法に関しては異なった考え方をもっており、それゆえ「教育人間学」という分野そのものが、常に論争的な思想運動という性格を有していたといってよい。

　一方において、「人間学」を、人間に関する諸科学（生理学、心理学、社会科学等）の個別の実証的な成果を総合して、全体的な統合的人間像を作り出すことだ、と捉える考え方が存在した。そしてこの考え方から、種々の人間科学の新しい知見をそのつど教育の補助科学として利用し、理論の拡大を図ったのがロートであった。ただ、近代科学の目覚ましい発展は、「人間とは何か」を明らかにしていくことを約束するであろうか。それが困難であることは、すでに、ハイデガー（Heidegger, M. 1889-1976）の次の言葉が暗示していた。「いかなる時代も、今日ほど、人間について多く多様に知ったことはなかった。……しかし、またいかなる時代も、今日ほど人間とは何かを知らなかったこともない。いかなる時代もわれわれの時代ほどに、人間が不可解になったこともなかった」(1929年)。

　これに対して、「人間学」を 20 世紀の「哲学的人間学（Philosophische Anthropologie）」の問題意識のもとに、独自の研究方法を見出したのが、ボルノウやランゲフェルトであった。そもそも、「哲学的人間学」は、19 世紀末から顕在化した理性中心の世界観や進歩に対する懐疑、価値観の対立、諸科学の発展による知識の増大と人間像の分裂を受けとめ、20 世紀において、人間という存在が、世界の全体と 1 つになって、これまでにもなく、大きな問いとなった、という自覚のもとに、「宇宙における人間の地位」（シェーラー）の特異性の解明へと向かっていった。とりわけ、〈アウシュヴィッツ〉や〈広島・長崎〉をもたらした第 2 次世界大戦後は、この自覚をいっそう深め、実存哲学の刺激も受けて、何らかの確定的な人間理解から演繹的に人間を理解するのではなく、むしろ具体的な人間の現実から、本質的に極め尽しがたい「謎」である人間存在を問いながら、人類の新たな経験や発見に即して全体的な人間理解にたどり着こうとする研究方法に立脚した。

　例えば、ボルノウ[1]は、まず「人間学的還元の原理」と「オルガノン原理」を立て、前者の「文化の客観的形象（宗教・倫理、政治、法、芸術、科学……）を、その創造者である人間から把握しようとする」方向（人間 → 文化）と、後者の「人間の生を、彼によって作り出された客観的形象から理解しようと試みる」方向（文化 → 人間）とを相互補完的に交差させる。そして、それらを考慮しながら、例えば、〈気分〉（幸福、喜び、不安、おそれなど）といった個別的現象から人間の

本質を推論するといった「人間の生の個別的諸現象の人間学的解釈」に向かっていった。そして、「生の事実に与えられたこの特殊な現象が、そこにおいて有意義かつ必然的な項として把握されるためには、全体としての人間の本質はいかなるものでなければならないか」と問う。ただし、その本質は暫定的に規定されたとしても、常に人間の「測りがたさ（Unergründlichkeit）」に対して開かれているということが必要であるとし、新たに孵化（ふか）される成果も、単なる補足や拡大として理解されるべきではなく、そのつど、直接、「人間とは何か」という核心に食い込むものでなければならないという。「開かれた問いの原理」である。こういった研究の基本姿勢において、教育を支えるものとしての「雰囲気」、教育の「非連続的形式」、実存主義の克服と「新しい始まり」、「空間」「時間」「言語」などのテーマが考察されたことはあまりにも有名である。

　一方、ランゲフェルトは、教育学を普遍的な概念や公理から演繹的に構成するのではなく、日常の生活世界において行われている〈教育〉と呼ばれる経験を現象学的に解明し、「教育されねばならぬ動物（animal educandum）」として人間を理解することの根源性を指摘したのである。すなわち、人間は誰でも最初は子どもとして産まれ、子どもから徐々に成長して大人になるという最も基本的な人間の事実性を踏まえ、教育という営みが人間存在の付加的現象ではなく、根源的現象であることを改めて自覚させようとした。「子どもの人間学」とも呼ばれる彼の立場は、子どもという人間の存在と生成の原点に配慮を欠いた哲学理論や、多元的な子どもの人間的な生成に関心を持たず、それを自然科学的な対象化によって固定的に理論化する心理学や生理学等を厳しく退け、教育が子どもと大人の日常的な人格的相互性の営みであることを示し、その場の文化に由来する規範性と対質することが、そうした相互的な営みに内実を与えることも主張した。その意味で、子どもは「援助が必要なまだ小さな人間」（和田修二）であり、大人の対話的援助を必要とする関係内存在であるとみていたといえる。彼は、教え込みや注入に傾きがちな旧教育にも、子どもの「個性」は尊重するが、関係性・相互性を等閑視する子ども中心の新教育にも批判的である。ランゲフェルトによれば、「子どもであるということのうちに具体的に現れている人間の姿とはいかなるものか」「この世の中に人間として生きていることの意味、また目下は子どもという独自なあり方で生きていることの意味は何か」を大人が問い直すことこそ、「子どもの人間学」の究極的な課題なのである。[2]

2　近代教育批判と教育人間学

　このようなボルノウやランゲフェルトの問題意識は、やがて多くの後継者た
ちを生み、西欧では 1960 - 70 年代にかけて教育人間学をめぐる学理論的議論
が活発化し、多くの著作も刊行された。³⁾ところが 1970 年代以降、大規模化し
ていく学校と子どもの抑圧の問題が、やがては「学校」という近代の教育シス
テムへの批判に、そしてそれに留まらず、学校化の基礎にあった近代教育その
ものの批判へと展開され、私たちが「教育」と呼ぶものそのものへの根源的な
疑いが表に現われ、教育のイデオロギー（政治）性の暴露へと繋がっていく。
折しも、社会史・心性史の研究において、〈子ども〉と〈教育〉が、近代のま
なざしが歴史的に構成した産物にほかならないことを文献実証的に主張する説
が出され、それが広く受け容れられたこともあって、教育学研究は、いわゆる
認識批判的、構成主義的な手法を取り入れ、近代教育学批判を自己の課題とす
るようになっていった。

　このような思潮の影響を受け、90 年代に入り、教育人間学に「人間学批判」
を取り込んで、構成的で反省的な「歴史的教育人間学」を構想するヴルフ（Wulf.
C）らの研究が登場した。⁴⁾ヴルフによれば、それは、「ある特定の歴史的、社会
的制約のもとでの人間の諸現象や表出の仕方を探求」し、「人間学的知識の早
急な固定化を避け」、研究の目的が、人間学的知識が多元主義的に開かれてい
る必要を主張している。これまでの教育人間学は、その時代の歴史的要請、と
りわけ近代教育の論理を暗黙裡に構成していた啓蒙主義的な要請に無自覚に促
され、たとえば「教育の必要性や可能性」を根拠づけ正当化しために、開かれ
ているはずの人間学的知識の豊穣さを矮小化したのではないか、あるいは、動
物との比較で人間の「本質」を早急に規定し、一般化するあまり、個別的な人
格の相互的協働のダイナミズムを回収してしまったのではないか——ヴルフら
の批判をこのように受け留めることもできよう。人間の「本質」から出発する
のではない、「構成的で反省的な方法」の発展の必要を主張したのである。

3　日本の教育人間学とその新たな展望

　さて、日本では、そもそも戦前から精神科学的な手法で文化を解釈するディルタイ等の影響を受けた文化教育学が受容され、また、九鬼周造、和辻哲郎、三木清等の哲学者が、現象学や哲学的人間学に関する研究を遺していたこともあって、戦後は、西欧とほぼ同時に下程勇吉、森昭らがそれぞれ独自に教育人間学という名を冠する研究を展開していった。下程は、傑出した歴史的人物との対話によって「精神的な出会いと覚醒を仕掛ける覚存の教育論」（皇紀夫）を指向し、吉田松陰、中江藤樹、二宮尊徳の人間学的研究に取り組んだ。そのテキストは、「歴史と人間の意味を発見する独特な言説によって構成されており、それ自体がすでに教育的な覚醒力をもっている」（皇）とされる。他方、森は戦後にデューイのプラグマティズム（米）、ディルタイ、ヤスパース（独）などを受容しながら、「統合学的で原理論的な教育人間学ないし人間形成論の構築をめざし」（田中毎実）た。そしてそれは「「教育以前」の生物学的事実から「教育以上」の実存的な人格的な問題にまで及ぶ壮大な統合理論を構築して」（田中）、高度成長の中で、爆発的に制度化が進む教育や社会の現実に対抗することを目指したのである。遺稿である『人間形成論』では、「生命鼓橋」という比喩（彼岸に向けてこちらの岸から太鼓橋を作り継いで行くというライフサイクルのイメージ）によって、「教育」そのものが、異世代のライフサイクルの重なり合いが織りなす相互生成の問題として再把握され、老いや死に直面する人間的成熟の問題が視野に収められている。

　これらの先駆的業績に続き、1980 年代には和田修二『子どもの人間学』、小林博英『教育の人間学的考察』などが発表され、日本の教育人間学の議論も活発に展開した。しかし、やがて先述の近代教育批判の洗礼をどう受け留めるのか、教育人間学は戸惑いの一時期を過ごしたように見える。けれども、世紀をまたぐ前後から、やがて日本でも教育人間学をめぐる議論が復活してくるのである。このことは、21 世紀のニヒリズムによってモノトーン化した教育の浸透を憂う教育学研究者たちが、教育の多元的意味の再発見をめざし苦闘した反時代的挑戦でもあるともいえよう。その動向を 3 つほど紹介しておこう。

　1999 年に刊行された皇紀夫・矢野智司編『日本の教育人間学』は、日本の教育人間学の生成と構成と展開を包括的に示す試みとなった。本書では、教育

人間学というディシプリンを明確には規定せず、むしろその開かれた可能性の余地を残しておくことが意図され、この名称を使用しなかった過去の教育学者たちの研究にも、教育人間学の可能性を読み取ろうとしている点で画期的である。木村素衛、小原國芳、倉橋惣三、勝田守一、正木正、下程勇吉、森昭、上田薫、村井実、蜂屋慶、大田堯、堀尾輝久、和田修二が取りあげられている。田中毎実によれば、これは「教育人間学の理論的系譜をできるだけ広い範囲で構成し、理論的転回の見通しと余地をできるだけ広げるためには、適切な戦略的選択」であったのである。

　続いて 2011 年には、和田修二・皇紀夫・矢野智司編『ランゲフェルト教育学との対話──「子どもの人間学」への応答』が刊行される。矢野によれば、「革新への潜在力を孕んだ贈り物としてのランゲフェルトの思想と対話し、その思想に応答を試みたものの報告書」である。ランゲフェルトの謦咳に接し、同時代を生き、教育人間学構築の学問的課題に向き合った世代と、近代教育学批判の後にランゲフェルトと出会い、教育はいかにして可能なのかを切実に問う世代、そしてその両方に関わる世代が、「今日の教育の現実と問題並びに教育学の課題の在処を、重層的かつ多次元的に指し示」そうとしたという意味で、今日において教育人間学の課題を受け取り直そうとした画期的な試みである。

　翌、2012 年には、田中毎実編『教育人間学─臨床と超越』が世に問われる。「教育人間学」は、教え育てる人たちの「教育」と「人間」に関する「トータルな」「自己認識」であると述べる編者は、この自己認識を洗練させることこそ、巨大な学校複合体の機能障害に直面する今日の養育・教育状況に要請されており、教育学を日常的実践とかかわる全体的理論へと再生させる、と考える。そして、そうなりうるためには、理論展開上、桎梏となってきた「視野の狭さ」を突破するために、「臨床とライフサイクル」（臨床性志向）と「超越とメディア」（人間学志向）という「二つの基本的な運動方向」が必要とされるという。前者は、「生の時間的流れの全体性、具体的な経験という場の全体性」を志向しており、後者は、「具体的な経験の超越に向かう垂直レベルの深さ高さ、メディアに介された水平レベルの広さ」を意味している。決して自明ではない「教育人間学のそれから」の意味を考えてみる、というのが本書に執筆する研究者の共通の思いであるという。

おわりに

　目的合理主義的な教育が自明化された中を生きていると、その思考様式に飼い慣らされていることの恐ろしさに気づかない。「人間と教育」を問うという営みは、現代のこの様な状況においてこそ必要だともいえる。とはいうものの「人間と教育」とは何かという問いにあてがわれる種々の言説も、理解の暫定的な前提を与えるに過ぎない。その前提を掘り起こすと、また「謎」が顕現し、わからなくなる。その子どもと共に在るとは、そもそもどのようなことなのか。西平直も言うように「一度、教育の素朴な期待から離れたのちに、改めて教育に出会い直す」[5]ためにこの「わからなさ」に留まり続ける営みこそ教育人間学の神髄なのかもしれない。「謎」に満ち、偶発性を孕み持つ「生きること」の悦びも悲しみも苦しみも味わいつつ生成することに寄り添うとはどのようなことなのか。「人間と教育」の意味は、問い続けざるを得ない——「人間と教育」から問われているのは〈誰〉なのかを常に自覚し、受苦し行為するために。

▌演習問題▐

1. あなたが唯一無二の存在としてこの時代にこの場所に生を受けていること、そしてあなたが出会う他者もまたそうであること、その偶然性の不思議を噛みしめてみよう。
2. 「構成的で反省的な方法」がもたらす功罪について考え、話し合ってみよう。
3. 教育に何かを期待するのではなく、その子ども（他者）と共に在る状況から、何を問われ、呼びかけられているのかを自覚したとき、何が見えてくるか、具体的な状況に即して考え、話し合ってみよう。

注

1) ボルノー, O. F.（浜田正秀訳）『人間学的に見た教育学』玉川大学出版部、1977 年。
2) ランゲフェルト, M. J.（岡田渥美・和田修二訳）『続・教育と人間の省察』玉川大学出版部、1976 年。
3) ゲルナー, B.（岡本英明訳）『教育人間学入門』理想社、1975 年を参照のこと。
4) ヴルフ, Ch 編著（高橋勝監訳）『教育人間学入門』玉川大学出版部、2001 年。／ヴルフ, Ch（今井康雄・高松みどり訳）『教育人間学へのいざない』東京大学出版会、2015 年。
5) 西平直『教育人間学のために』東京大学出版、2005 年。

参 考 文 献

氏家重信『教育学的人間学の諸相——その多様性と統一性——』風間書房、1999 年。

皇紀夫・松井春満・和田修二『人間と教育』ミネルヴァ書房、1981 年。

皇紀夫編『「人間と教育」を語り直す——教育研究へのいざない——』ミネルヴァ書房、
　　2012 年。

和田修二『教育的人間学』放送大学教育振興会、1994 年。

第5章　現代における教育思想
——ポストモダン思想と教育——

はじめに

　本章では、ポストモダン思想と教育の関係についての初歩的な知識を提供する。その際には読者の成長や進歩を手助けするために、学問領域の見取り図をバランスよく描くように努めている——。本章はそのような教育的な姿勢で執筆されたと思われるかもしれない。しかし、筆者の狙いは異なっている。

　上記の姿勢を「何の問題もない」と感じる人は、筆者の考えるところ、「モダン」の（＝近代的な）思考様式を疑っていない。それは、中立的で偏りのない知識の順序立てられた獲得、学習による成長や進歩などを重要な要素とする考え方である。学習の向かう先には、客観的で価値中立的な知識のストックがあるとみなされている。一歩一歩、歩みを進めることで「普遍的な真理」に近づいていくというような発想である。時代や文化を越えて妥当する「普遍的な真理」の想定は、近代的な思考様式の屋台骨である。

　ポストモダン思想は、普遍的な真理の存在を疑い、近代的な思考の前提を崩そうとする。[1]本章は、ポストモダン思想が教育の思想や営みに対してどのような介入を行ったのかを考える。それは、今ここで行われているあなたと私のやり取りとは何かを、問い直すことに他ならない。

1　ポストモダン思想のインパクト

　ポストモダン思想を要約的に紹介するのは困難を伴う。それは似通った傾向のある一群の思想を指し示す呼称だが、多くの場合、思想家当人は「ポストモダン」の名称を用いていないからである。

　ポストモダンという言葉自体は1980年代に広まった。そのきっかけはフランスの哲学者リオタール（Lyotard, J.-F.）の著作である。[2]リオタールは、進歩、

解放、普遍的真理などの言葉で正当化をはかる近代の「大きな物語」の失墜を論じ、多様な「小さな物語」が散乱するポストモダン状況を称揚して、反響を呼んだ。その後、広範なジャンルからなる一群の研究が、ポストモダニズム・ポストモダン思想等の名称で呼ばれるようになった。デリダ（Derrida, J.）、フーコー（Foucault, M.）、ラカン（Lacan, J.）、ドゥルーズ（Deleuze, G.）、ボードリヤール（Baudrillard, J.）などの名前が挙げられる。

ポストモダン思想のゆるやかな共通項は、西欧近代において成立した思想の枠組みや考え方を疑って乗り越えようとする傾向である。なかでも真理の不確定性は、多くの論者において重要な位置を占める。

近代的な真理観は、対象を精確に映し取る普遍的で議論の余地がない真理のイメージを前提としている。啓蒙思想の伝統を受け継いだ科学や哲学は、そのような普遍的な真理に特権的に近づけると考えられていた。

その真理観は、教育の営為とも密接に関係する。近代教育は、確かな根拠の下に諸学が蓄積してきた真理を順序よく分け与え、学習者を近代的な主体へと成長させる営みだとみなされるからである。

ポストモダン思想は真理の不確定性を強調して、近代的な真理観や教育観に疑問を投げかける。次節では、近代教育への批判がどのように行われたのかを見てみよう。

2　ポストモダン思想による近代教育批判

近代教育を批判した論者として、フランスのフーコーとアメリカのイリイチ（Illich, I.）を取り上げよう。

フーコーは規律（discipline）に関する議論によって、教育の権力性を暴露した。[3] 規律権力は、諸個人の身体に働きかけて望ましい精神を作り出そうとする近代の権力であり、監獄や学校などの近代的施設において働いている。人間を対象とする諸科学（心理学、精神医学、教育学等）もまた、規律の技術のための学問（discipline）として形成された。学問の奉じる「真理」は、特定の時代に制約された権力的な関係のなかでつくられたものである。言い換えれば、普遍的に妥当する真理ではないというのである。

イリイチは「価値の制度化」を論じ、学校教育が精神の不能化をもたらすと主張した。[4] 価値の制度化とは、制度の行うサービスの消費を本来の目的と混同

することである。たとえば医者にかかることを健康への配慮と同一視し、学校に通えば学習したとみなすような事態である。価値の制度化が進む「学校化」された社会では、多くの知識を学校外で学べるにも関わらず、学校教育だけが価値を持っていると人々はみなすようになる。そして価値ある知識とは何かを決める専門家の権威に従って、自律性を喪失するというのである。

　フーコーとイリイチの議論は、「真理」とされる知のまとう権威の無根拠さを明らかにする。知の権威の由来は、権威づけられた制度や技術を介するから権威があるというトートロジー（同語反復）に他ならない。言い換えれば、制度や技術を介したローカルな営みのなかで、権力的に真理はつくられるのである。近代教育はそうした権威を支え、押しつけられた知を受け入れる従順な主体を形成する働きをもつとみなされている。

　近代教育批判は、自律的で多方向に展開しうる人々の語りや営みを、教育が特定の方向に封じ込めていくとする悲観的な見解を示している。これに対して近代教育を擁護する立場からの反論も可能だし、実際なされてきた。一例を挙げよう。教育の場において各自の自律的な語りを促し、議論を通じて民主的な社会のメンバーを育成しようとする、シティズンシップ教育の実践が存在する。この実践は、多様な意見の表明を良しとする公共性論と相性がよい。そこには上記の批判をはね返すような、教育の可能性が見出せるのではないだろうか。

　この点を考えるために次節では、ドイツのハーバーマス（Habermas, J.）による公共性論と、ポストモダニストによるハーバーマスへの批判に注目しよう。

3　公共性論とポストモダン思想

　ハーバーマスは、ポストモダン思想に対して常に批判的であった。しかし人びとのやり取りを離れたところに絶対的な真理があるとは考えないという点で、彼の思想にはポストモダン思想と共鳴する側面もある。ハーバーマスによれば真理とは、議論を経た理性的な合意によって決定されたものである（真理の合意説）。

　ハーバーマスが重視するのは、合意に至る過程で自由な意見が表明されることである。ハーバーマスは、真理性・正当性・誠実性にかかわる妥当性の基準を掲げた発話の応酬によって、皆が納得する合意を導く手続きを論じた。真理とは人々が主張を通じてつくり上げるものであるのだから、対等な立場で耳を

傾け、強制の伴わない合意にいたることが肝要だと考えるのである。[5]

　ハーバーマスの公共性論はこのように、議論しあう人々の合意を真理として そこに権威を求め、民主主義を支えようとする。そのため、民主的な主体の育 成を目的とするシティズンシップ教育とリンクしやすい。教育とポストモダン 思想の関係性について理解を深めるには、ハーバーマスに寄せられた批判を検 討することが有意義だろう。

　ポストモダン思想による批判の論点は、合意に付随する排除である。アメリ カの政治学者フレイザー（Fraser, N.）やヤング（Young, I. M.）は、ハーバーマス の議論には白人中産階級男性を利する文化的な偏りがあり、それによってマイ ノリティの排除が生み出されると主張する。[6]対話に参加できる主体の資格要件 が暗黙に設定され、資格を欠くとみなされる者が排除されるという論旨である。

　こうした批判は、「コミュニケーション能力」等の育成というシティズンシッ プ教育の課題の困難性も示唆している。ハーバーマスが対話への参加の資格要 件を設定するのと同様に、シティズンシップ教育もコミュニケーション能力の 要件を想定する。その基準を下回る人たちは学習による成長を経ないと対話に 十全に参加できないとみなして、排除に加担する危険性を伴っている。[7]

　以上が批判の論点であるが、疑問が思い浮かぶ人もいるだろう。人々がコミュ ニケーション能力を身につけていなければ、そもそも互いに議論はできないの ではないか、と。そうした疑問については、フランスの哲学者ランシエール （Rancière, J.）の考えが参考になるかもしれない。[8]

　ハーバーマスを批判するランシエールは、「知性の平等」を唱える。知性の 平等とは、言葉を用いて考えを伝えるという点において、あらかじめ誰でも対 等な知性をそなえているという見解である。教育の理念は、そうした対等性に さからって、（たとえばコミュニケーション能力などの高低を設定して）知性を序列づ ける。それによって、教師に説明してもらわないと物事が理解できないと考え る生徒を生みだし、彼らが自ら語り出すことを妨げるのである。[9]

　以上のランシエールの思想を踏まえるならば、コミュニケーション能力を発 達させていないから議論をしないと見るのは転倒した考えだということになろ う。それとは逆に、コミュニケーション能力等による序列化と資格要件の設定 が、（本当は語れるにも関わらず）語らない理由と耳を傾けない理由とを生み出す のである。

　本節の結論をまとめよう。確かに公共性論は、言葉を用いた人々のやり取り

のただ中に真理概念を引きおろしてみせた。そのことによって、合意による真理を求めて自由な意見が表明される公共圏を構想することもできた。しかし議論に参加する主体の資格要件を設定することによって、一定の人々のみを「語る主体」とみなす排除が伴うことになった。ポストモダン思想はその点を批判して、個々人が自らの意見を語ることの重要性を展望する。その際には、個々人を序列づけ参加の資格要件の設定に加担する教育の思想・営みが、くびきとなるのである。

おわりに

　近代的な思考様式や近代教育の営みへの没入は、人によっては心地よいものかもしれない。絶対的な真理へと向かう序列構造のなかに自分を位置づけ、上を見上げ、下を見下しつつ、「語る主体」へと上昇する希望を抱けるからである。もしもそこにしか希望がないのなら、「ポストモダン思想は解体するばかりで何も生み出さない」とする批判的見解にも納得がいくだろう。

　しかし、本章の見解は異なる。ポストモダンの思想家たちの行っていたことを改めて見てみよう。思想家たちは、公平で客観的な真理を教示していたわけではない。彼らの行なっていたのは、教育や真理と近代との関わりを検討して、それについて「私にはこう見える」と述べることだった。それは、その人固有の偏った位置からの、他者の言説や営みに対する再解釈である。

　そして、「私にはこう見える」という再解釈は、日常生活の多くの場面で私たちが行なっていることではないだろうか。「普遍的な真理を教えてあげる──教えてもらう」というような一方向のやり取りは、日常を覆ってはいない。日常生活は多くの場合、他者の言うことに耳を傾け、それを自分で言い直したり意見を加えてなされる、双方向的な平場のやり取りの連鎖から成り立っている。ランシエールはそのような実践に、知性の平等を見出したのである。

　筆者が本章で行っていることも、それと異なるものではない。思想家たちの述べたことについて「私にはこう見える」と言っているのであり、そこで提示しているものは、近代と教育・真理の関わりについてのひとつの再解釈である。[10]

　根拠なき権威に基づく知の序列をポストモダン思想が攻撃した後には、このように、対等な立場で語り、聞き、解釈しあう、いつものやり方が──あるいは少なくともその可能性が──広がっている。筆者の考えるところポストモダ

ン思想は、そうした日常のあり方を尊重し、外部から持ち込んだ権威によって抑圧しないように努める態度を要請する。

　教育の実践に関する態度もまた、同様である。主体の育成を志向する教育の場には同時に、向上へと追い立てず水平的に関わろうとする対抗的な実践の選択肢が潜在している。そこに何を見出すかについては、いく通りもの答えがありうるだろう[11]。

演習問題

1. 本章で興味をもった思想家について調べ、その主張をまとめてみよう。
2. 現場の具体的な教育実践を取り上げて、ポストモダン思想との関係を考えてみよう。
3. ポストモダン思想について、この章とは異なる解釈を行うことは当然ながら可能である。文献を読み込んで、ポストモダン思想に関する独自の解釈をつくり出してみよう。

注

1) ポストモダン（postmodern）の" post-"とは、「～の後に来る」を意味する接頭辞である。つまり「ポストモダン思想」は、近代以後の思想もしくは近代を脱する思想といった意味である。なお本文のすぐ後で示すように、多種多様な思想を「ポストモダン思想」として単数形でくくることは、困難を伴う。他方でこの表記に、諸思想の部分的な共通項を筆者が読み取っている（＝再解釈している）ことを明確化させるという、積極的な意義を持たせることも可能だろう。

2) リオタール, J.-F.（小林康夫訳）『ポスト・モダンの条件──知・社会・言語ゲーム──』水声社、1986 年。

3) フーコー, M.（田村俶訳）『監獄の誕生──監視と処罰──』新潮社、1977 年。フーコーは『言葉と物──人文科学の考古学──』（渡辺一民訳、新潮社、1974 年）において、真理とされるものは各時代の知の枠組み（エピステーメー）に規定されて移り変わるものであり、連続的に進歩するようなものではないと論じている。

4) イリッチ, I.（東洋・小澤周三訳）『脱学校の社会』東京創元社、1977 年。

5) ハーバーマス, J.（川上倫逸・M. フーブリヒト他訳）『コミュニケイション的行為の理論』（全 3 巻）、未来社、1985-1987 年。ハーバーマスは理性を用いることを肯定的に捉え、追求すべき「未完のプロジェクト」として近代を擁護する。そのため、理性概念を批判するフーコーとの間で論争が行なわれている。

6) フレイザー, N.「公共圏の再考──既存の民主主義の批判のために──」C. キャルホーン編（山本啓・新田滋訳）『ハーバーマスと公共圏』未来社、1999 年、117-159 頁,I.M.Young, *Justice and the Politics of Difference*, Princeton University Press, 1990。リオタールも、

　　ハーバーマスの擁護する合意は異質性を踏みにじると論じており、意見の相違から新し
　　いものが創出される「パラロジー」に可能性を見出している（リオタール前掲書）。

7）山口毅「シティズンシップと教育言説」『帝京社会学』第 29 号、2016 年、55-71 頁、
　　を参照。コミュニケーション能力の定義や評価が文化的に中立たりえないという点も、
　　マイノリティの排除に結びつく。

8）ランシエール , J.（松葉祥一・大森秀臣他訳）『不和あるいは了解なき了解——政治の
　　哲学は可能か——』インスクリプト、2005 年および J. ランシエール（梶田裕・堀容子訳）
　　『無知な教師——知性の解放について——』法政大学出版局、2011 年。

9）以上のランシエールの所説は、イリイチの議論とも似通った部分がある。

10）古典的な著作の豊かさは、多くの異なった解釈を許容し、私たちの思考の展開を触発
　　する点にあると言うこともできるだろう。

11）ポストモダン思想に関する日本の教育学の論集としては、増渕幸男・森田尚人編『現
　　代教育学の地平』南窓社、2001 年、を参照。

参考文献

齋藤純一『公共性』岩波書店、2000 年。

中岡成文『ハーバーマス——コミュニケーション行為——』講談社、2003 年。

中山元『フーコー入門』筑摩書房、1996 年。

第6章 近代学校制度成立と普及の社会的・思想的基盤

——欧米諸国を中心に——

はじめに

　本章では、我々にとって「当然」のように存在している「学校」というものがどのような歴史的事情で成立したのかについて述べる。今の学校は、ある年齢になると、ほぼすべての子どもが一定期間は在籍し、学習すること（＝義務教育）になっている。それ以降の進学は、個人の事情にもよるが、最低限の学習の機会は平等に保障されるよう権利として法律に規定され、制度化されている。そして、この制度は、公的な行政権により税金で維持・運営されている。

　こうした「制度化」された学校は、近代に西ヨーロッパとアメリカ合衆国において作られ始めたものであり、思想家の構想レベルではなく、本格的に「国民教育制度」法案を作成・議論したのはアメリカ独立革命期やフランス革命期である。つまり、長く見ても二百数十年ほどの歴史しかない。これは、それ以前の "学校"（＝制度化する以前の学校）とは異なっている。

　"学校" を、人がなんらかの物事や技術を人に教え、それを人が学ぶために作られた特定の場であるとすれば、欧米の近代以前からあった。もともと、人は親や周囲の大人と生活をする中で、生きていくのに必要な事を習得しながら、大人になっていく。しかし、それだけでは十分に身につかない、あるいは効率的に習得させた方が社会的に好都合であるときには、社会の人間形成機能が取り出され、独立して「学校類似の施設」が出来る。たとえば、話し言葉は周囲の人と生活する中でかなりに身につくが、文字の使用や書き言葉は、その習得のための特別な学習の場があったほうが、効率よく身につくことを思い浮かべればいいだろう。

　こうした「学校のようなもの」には、おかみさん学校のような自然発生的で私塾的なものもあれば、"学校" の起源とも言われる、古代メソポタミアの書記養成のものもある。後者は、狩猟段階から農業の段階に入ると余剰生産物が生

まれ、持つ者と持たざる者の差や、支配・被支配の関係が生じるなか、人の統治やモノの貯蔵・管理のために文字や数字の使用が始まったときに生まれた。

　いずれせよ、「学校のようなもの」は誰もが行くところではないし、生活のために日々の労働に追われる者が行くことも出来ないところであり、そこが、近代の学校とは異なる点である。

1　近代学校制度の存立基盤

　多くの者が日常生活を通じて学んだり、職人になる修業や年季奉公での仕事を通じて教わったりすることが通例であった状態から、「学校に行って学ぶことが当たり前」の状態へと、どのような事情で変わったのだろうか。そして、ある年齢層の子どもがある期間、学校に通う制度をどのような社会的・思想的基盤が支えているだろうか。以下、この点について述べていく。

　とはいえ、近代学校制度の存立基盤の状態や相互の関わりも、国によって異なっていたので、ここではその基本的な「存立基盤」とその関わり具合を、図式的に説明していく。**図6-1**に見るようにほぼ全員の一定期間の就学状態を可能にするには、その制度に様々な社会的・思想的基盤と条件が関わっていた。

　まず税金で制度を維持するためには、多額の納税をする者たち（＝資本家）から「制度」が承認されなければならない。また、多くの子どもを就学させる者たち（＝労働者）が、子どもの労働から得る賃金なしで生活でき、その賃金収入よりも子どもの就学を選ぶようになる必要がある。と言うのも、学校を作ったからといって、自動的に人が就学してくるわけではないからである。

　また、国全体に及ぶ「制度」の維持・運営は、国家が担当するしかないが、国家がそれに乗り出すには国家なりの必要性やメリットが存在しなければならない。さらに、社会思想の面で、学校へ行くことが必要なこと、あるいは当然のことであると、正当化されることも重要である。それは民主主義の社会作りと関わりが深く、教育を受けることが権利として考えられるようになることにつながるからである。

　上記のように、近代の学校制度が成立するには、これら社会的・思想的基盤に支えられなければならなかった。そして、それらの各セクターの抱える事情や利害関係が絡み合って存続してきたのである。ただし、「みんなが学校に行く」という状態は、必ずしも同じ種別の学校に通うことを意味しない。下層階級の

図6-1　産業革命と学校の制度化

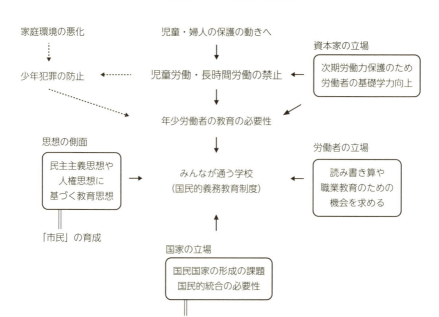

子どもが通う学校系統と富裕層の通う学校系統が分立するなどの状態も含まれている。とりもなおさず、ほぼすべての子どもが制度化した学校に在籍する状態を指している。以下、**図6-1**の内容を具体的に説明していく。

2　産業革命における児童労働と工場法

　近代に欧米・日本の多くの領域に変動をもたらしたのは、産業革命である。これは、単にモノの製造方法の変化にとどまらず、人々の生活や仕事、子どもの様々な面での「学び」にも大きな変革をもたらした。産業革命の時期は、国によってそれぞれ異なるし、それに伴う変化にも国ごとに違いはあるが、概略、次のような変化が生じたと考えられる。

　まずは、物作りの方法とそれに必要とされる労働の変化である。ギルド職人的な手工業から家内制手工業、工場制手工業に続く産業革命では、機械による

工場生産を行った。そこでの生産は、機械の使用と製造過程の分業化から成り立ち、機械生産に組み込まれた分割された作業で行われる。製造過程をすべて手で作る職人のような熟練の技は不要であり、重たい物を持つ筋力も不要であった（ここに児童や若い婦女子が労働力になり得る要因があった）。

　イギリスでは 1760 年代に紡績工業や織物工業に産業革命が始まり、19 世紀半ばまで続くが、この時期に親たちだけでなく、児童や若い婦女子も工場労働や炭鉱労働（＝産業革命初期の動力源であった）などに駆り出されていった。子どもが働くこと自体はそれまでの農業や年季奉公、家内工業でもあったが、工場労働は職場と住居・家庭との分離、工場の時間に合わせて勤勉に働く習慣を必要とする点が異なり、働く者に違った行動特性が必要であった。

　産業革命のこの段階には、大人より安い賃金で過酷な労働に従事する児童や若い婦女子の姿が各国で多く報告されている。一例だけ挙げよう。イギリス工場調査委員会の 1832 年の報告に、工場の 6 週間の繁忙期には午前 3 時に行き 19 時間働いた少女の証言がある。19 時間のうち朝食に 15 分、昼食に 30 分、飲み物のために 15 分の休憩しかなく、5 分の遅刻で賃金が 4 分の 1 減額されたという。これは、時計に従って人々が生活や労働するようになったこと、さらに遅刻が "良くないこと" とされるようになったことを示している。

　しかし、このような労働実態は社会問題となり、「工場法」と呼ばれる法律で規制されていく。工場法は、児童や婦女子の長時間労働を制限したり、最低雇用年齢や労働環境の整備に関して規定を定めたりした法律である（現在の労働法や労働基準法につながる分野の法制化である）。たとえば、イギリスでは、最初の工場法、徒弟法（1802 年）や紡績工場法（1819 年）が出された。しかし、対象が限定されていたり（前者）、規定はあっても監視機関の定めがなかったり（後者）で、有効ではなかった。

　イギリスで実効性のある最初の工場法は 1833 年のものである。ここで、9 歳未満の子どもの雇用禁止、9 歳から 12 歳の児童労働を 1 日 9 時間（あるいは週 48 時間）に、女性と 13 歳から 17 歳の者は 1 日 12 時間（あるいは週 69 時間）に制限することが定められ、9 歳から 12 歳の雇用継続にはその前の週に 6 日間最低 2 時間の学業指導を受けた証明が必要とされた。また、1844 年の法律は児童労働を 1 日 6 時間半に制限し、週に 5 日 3 時間の学習指導を与えるハーフタイム制度を確立した。

3　年少労働者の「囲い込み」と学校の制度化

　それでは、一連の工場法立法は、過酷な児童労働をする子どもを救ったのだろうか？　悲惨な労働実態を告発する慈善団体などの声で社会問題化しても、法の網の目をくぐる工場主や、貧困から年齢を偽って働く子どもなど、工場法自体の効果は限定的であったかも知れない。実際上は、工業技術の進歩や工場機械の改良・向上から子どもの下働きを減らしたり、成人男子の労働に依存する製鉄・製鋼など重工業へと産業革命と経済が移行したりしたことが、工場労働に占める若年労働者の比重を低下させたとも言える。

　しかし、働く子どもと "学校" との関係は進展した。資本家の立場にすれば、糸くず舞う紡績工場や日の当たらない炭鉱での長時間労働などの児童労働で得る短期的な利潤と "学校" との比較考量がなされる。子ども時代の過酷な仕事と不健康な生活が、次世代の労働者の質低下を招くこと、そして産業革命の進展に伴って技術革新に対応できる基礎的な能力・学力を持つ労働者を育成することが、結局、短期的な利潤より重要視されるようになっていった。やがて、教育内容面でも、初等教育の教育課程に自然科学的な内容や技術教育的な内容が加えられていった。[1]

　ただし、すぐさま学校の制度化に向けて動くほど事は単純ではなかった。たとえば、彼らの支払う税金をより貧しい労働者子弟のための学校に使うことには、抵抗があり得る。実際、19世紀合衆国諸州のレイト・ビル（rate bill）制度廃止にそれを見ることができる。これは学校財政補填のために、子どもを学校にやる親に割り当てた課徴金で、この制度廃止の努力が州立学校無償化（＝税金で維持）に必要であった。

　さらに、イギリスでは1833年、44年の工場法における年少労働者への学習指導確保の規定により "学校" 在籍児童数を増やした一方で、近隣の "学校" で学習させたり、近隣に "学校" がない場合は工場主が学習の場を提供しなければならなかったため、こうした "面倒" を避けて工場主はその対象になる子どもを解雇したり、雇用しないようにするという対応もした。

　産業化により両親が工場へと駆り出された家庭は、子育て環境としての機能が低下し、子どもを家庭への「囲い込み」に成功した中産階級からは問題視されていた。貧民街や夜の町をうろつく子どもや若者は非行や少年犯罪の予備軍と

して、社会不安を招いた。ここに雇用機会からはずされた年少労働者の処遇問題も加わる[2]。これらの子どもに宗教教育ともに初歩の学習を教え、家庭の欠損を補填したのは、キリスト教関係の団体の日曜学校であったが、やがて、近代学校制度というより大きな「囲い込み」の道が選択されていった[3]。

　労働者の立場からすれば、貧困であるほど児童労働の収入は捨てがたく、学校に通わせることは収入減となる。授業料が必要ならなおさら家計に響く。しかし、読み書き算、さらにそれ以上の職業教育を受ける求職上・職業上のメリットが認識されていき、収入上の問題を克服した者からそれらの学習の場に参加するようになる。しかも、労働者の団体や組合が労働運動の中で教育の機会を求めるようにもなっていった。

　とはいえ、国全体に及ぶ学校制度の創設と維持・運営は、国家にしか出来なかった。そして、この頃、各国は近代的な「国民国家」を作り上げるという課題を背負っていた。国民国家は、確定した国境の内部に居住する全ての人々を1つのまとまり（＝国民）として統合することで成り立つ国家であり、〈国民である〉という意識をまとまりの基礎にしている。国民国家形成という課題のためには、国民という意識を植え付け「国民」を形成しなければならなかった。平時はよく働いて国家の経済を支え、戦時はよく戦ってくれる「国民」形成のために国家が公費を支出して教育システムの整備に乗り出すことになった。

おわりに

　ここで社会思想と近代学校制度のとの関わりを見ていこう。どのような社会制度も法制化も思想的な正当化が行われる必要があるし、そうしたものが社会や国家に根付くには、経済的な損得や政治的利害だけでなく、人々の間で〈正当なもの〉あるいは〈善なること〉として認知される必要がある。「教育」もまた同じである。

　封建的身分を超えた「人間一般」という考え方は、身分制を否定して全ての人の自由と平等を建前とした市民革命を経るなかで、近代の西ヨーロッパに現れ、そうした「人間を作ること・人間になること」についても考えられていく。民主主義思想は、17・18世紀を通して主要な政治原理となり、やがて実際の政治形態となっていった。この思想形成の中で、アメリカ独立宣言やフランスの人権宣言に見られるように、「人間の権利」という考えかたが確認さていく。

　そして、民主主義社会を支えるべき「市民」の育成の必要性が認識される。また、市民の育成のために、「教育」を受けることが権利として考えられるようになっていった。実際、アメリカ合衆国独立期の学校制度案を提唱する際、「共和国」を支えるために人々への「知識普及」が盛んに言われ、フランスでも憲法の理念を身につけた「共和国市民」の育成が、共和国維持のために不可欠と考えられた。両国の「革命」期には国民教育制度案が多く出された。

　全ての国民に及ぶ学校制度構築には、「市民」育成と「国民」形成という二つの要素が関わっている。プロイセンや日本のような後発資本主義国では、先発の国々に追いつくために君主の強い統治権力の下で、「上からの近代化」と国家統合が進められ、国家への忠誠心を強調した国民形成の要素が強くなった。英米仏では自由や民主主義という価値が標榜され、「市民」育成の要素が強調された。ただし、後者の国々でも、帝国主義的戦争の時代である 20 世紀前半には国民の一体性と国家への忠誠心を目ざす国家主義的な教育が進められた。

　近代学校制度は、「国民」形成であれ、産業化に適合した勤労態度や有益な能力を持った「人材の養成」であれ、フーコー（M. Foucault）に倣えば、規律訓練型の教育システムと表現される。しかし、共通の社会的・経済的生活を営み、共通の言語や文化、伝統を持つと想定された「国民」なるものが、近代国家形成期の歴史的産物として、その存在の不確かさが指摘され（＝「想像の共同体」）、その「国民」で構成される近代の「国民国家」の幻想性すら言われるようになっている。

　しかも、現在は、進展するグローバル化によって近代国家の枠を超える活動が活発となりつつある。産業の側面でも、技術革新によって近代の工業生産とは大きく異なってきている。そうであるならば、ポスト近代の社会において求められる「人」もまた違ったものとならざるを得ないし、「教育」のあり方、人々に培うべき資質や能力、そしてその育成法についても新たなものが求められるであろう。[4]

┃ 演習問題 ┃

1. 『國語元年』（井上ひさしの脚本・戯曲）は、明治初期に「全国共通の話し言葉」作成を命じられた文部官僚の苦闘を描いたものである。この話自体は架空のものであるが、「共通の言葉」という課題は現実のものである。「共通の言葉」と、「国民」や学校制度との関わりを考えてみよう。

2. 産業革命の進展の途上で "学校" に囲い込まれ始めた、大量の子どもを能率良く安価に教育する方法とは、どのようなものか？

3. 「国民」の形成と「市民」の育成とを比較して、この両者のどんなところが違うのか考えてみよう。

注

1) これを明確に示しているのは、フランスのギゾー法（1833 年）である。同法は、各市町村に小学校を設置すべき事を規定したが、初等教育を「基礎」と「上級」の 2 段階に分けた。この「上級初等教育」は近代的な生産のための最低限の知識を備えた労働者を作るためのものであった。

2) この点は、児童保護や少年法の分野の立法（労働学校法（Industrial School Act, 1857）児童虐待防止および保護法（1889）など）とも関わりがある。さらに "出所" した少年少女が入る感化学校（reformatory school）もあった。

3) このあと子どもの成長発達に関わることは、教育と福祉のそれぞれの専門分野に分かれて制度化されていく。「壊れた家庭」を補完する幼児学校のたぐいは、学校の制度化の過程で、幼児教育機関（＝幼稚園）と児童福祉施設（＝保育所）へと分かれて制度化されていく。いま、日本で「教育福祉」という言葉が使われることがあるのは、専門分化の結果、教育の分野で福祉的な視点、要素が乏しくなる傾向が見られることへの "揺り戻し" でもある。

4) 2010 年代に入って「第 4 次産業革命」や「知識基盤社会」という用語が使われ、世界が新しい局面を迎えたと考えられている。そこでは新たな「21 世紀型能力」が必要になると言われ、それがどういうものなのか模索する動きがある。

参考文献

足立英郎「学校は何のためにあるのか」丹羽徹編『子どもと法』法律文化社、2016 年。

江藤恭二監修　篠田弘・鈴木正幸他編『新版子どもの教育の歴史』名古屋大学出版会、2008 年。

木村元・児玉重夫・舟橋一男『教育学をつかむ』有斐閣、2009 年。

今野健一「フランス公教育制度の史的形成における自由と国家（4）——公教育編成原理における「教育の自由」と「教育による統治」の位相——」『山形大学法政論叢』第 9 号、1997 年。

ナーディネリ, C.（森本真美訳）『子どもたちと産業革命』平凡社、1998 年。

宮沢康人編『世界子どもの歴史　産業革命期』第一法規、1985 年。

第7章　近代日本の教育とその理念

はじめに

　私たちが教育について考えるとき、多くは学校教育をイメージするだろう。その学校教育はいまや世界各国に広がり、学ぶ機会を広く提供している。

　日本において学校教育が誕生したのは明治初期のことである。近代日本（明治期から昭和戦前期）において、学校教育がどのような理念のもとで発足し、政策や制度、実践の変化を伴いながら、人々の間に普及したのだろうか。

　本章では、その歴史的な過程や理念の本質について、理解を深めよう。

1　明治期の教育の理念と制度
──学制と教育勅語を中心に──

　1868 年に誕生した明治新政府は近代国家の確立に向けて、富国強兵や殖産興業を打ち出し、その人材の育成を学校教育に求めることになった。

　1872 年、政府は日本初の近代教育法令である学制を頒布した。その理念は太政官布告第 214 号「被仰出書」(学制布告書) に明らかにされている通りである。

　まず「学問は身を立るの財本」(学問は人々の立身出世の手段や元手である) と述べられているように、立身出世を目指そうとする個人主義的な人間像や能力主義を理想とした学問観が示されている。

　また、「必ず邑に不学の戸なく家に不学の人なからしめん事を期す」(各地域に学問なき家がなく、それぞれの家に学問のない人が皆無になることを期待する) とあるように、すべての子どもの就学を奨励する国民皆学がうたわれている。

　すなわち、それ以前（江戸時代）の身分や地域の違いを超えて、国民共通の教育や学習の場として、新たに学校教育が求められるようになったのである。

　学校教育制度は既に中央集権体制をとっていたフランスの学区制度を、教育内容はアメリカにそれぞれ範を求めた。たとえば、6 歳から 10 歳の子どもが

学ぶ場とされた下等小学では、綴字、習字、単語、会話、読本、修身、書読、文法、算術、養生法、地学大意、理学大意、体術、唱歌の 14 教科が教育内容として定められた。これらの教科に対して使用された教科書のなかには、当時のアメリカで使用されていた教科書の内容がそのまま翻訳、掲載されることもあった。そのため、特に内容の面で、学校教育は当時の多くの日本人の生活実態からは大きくかけ離れていたのだった。

　その反面、個人の立身出世の手段とされた学校教育は、国民の自発的な参加を要求した。就学は言うまでもなく、学校の設置と運営に必要な学校運営維持費や授業料は地域社会または保護者の負担とされた。しかし、当時の小学校の授業料は非常に高額で、負担の難しい住民がほとんどであった。さらに、生活実態からあまりにもかけ離れた知識を授ける学校は国民の間になかなか受け入れられず、就学率はしばらく停滞した。

　内閣制度の発足とともに誕生した初代文部大臣の森有礼（もりありのり）は 1886 年に 4 年制の尋常小学校への就学を保護者の義務とした。これを義務教育という。また、1900 年には義務教育の無償化がうたわれたことで、就学率は向上し、明治末年にはほぼ 100％に近づいた。

　その一方、知育重視と徳育軽視の学校教育に対する反省から、国民道徳の統一的原理や教育の精神的支柱の確立が急がれた。

　そのひとつが教育ニ関スル勅語（ちょくご）（教育勅語）であった。

　1890 年 10 月 30 日、明治天皇は山県有朋首相と芳川顕正（よしかわあきまさ）文部大臣を宮中に召して、教育ニ関スル勅語を下付した。

　教育勅語の特徴は、歴史的存在であり、政治支配の要とされた天皇制に基づいて、儒教主義の思想を基礎にした教育理念を構想したことにあった。戦前の日本は 1889 年の大日本帝国憲法による政治的統一原理と、教育勅語による道徳的教育的原理を柱とする天皇制国家として確立されていくことになった。

　学校教育では、天皇制国家主義の立場から忠孝一致（天皇に対する忠誠と親孝行は一致する）や忠君愛国（天皇への忠誠は国を愛することに通じる）を主要な徳目として確立、鼓舞する方向が示された。1903 年には、小学校の教科書が文部省の著作に限ることが定められ（国定教科書）、教育に対する国家の管理や統制が強化された。国定教科書は、筆頭科目（最重要科目）の修身科をはじめとして、天皇中心の国家主義的な道徳を全国の学校、教師、そして児童に広く伝える主要なメディアになった。

　教育勅語に基づいて、国民の徳育を最優先に進めようとした政府は、全国の学校に教育勅語の謄本（とうほん）（教育勅語の写し）と御真影（ごしんえい）（天皇や皇后の写真）を下付していった。御真影や勅語謄本は、学校長の責任のもとで、奉安殿（ほうあんでん）と呼ばれるコンクリート製の特別な建物などに安置、保管された。

　学校の教師もまた、修身を中心とした徳育を通じて、児童や生徒に対して教育勅語の暗記を要求し、それができない場合は体罰を加える場合もあった。教育勅語は学校教育と天皇制を緊密に結びつけるものであり、その目標と理念は天皇中心の国家体制に、積極的に随順していく人間を育てていくことにあった。[1]

2　大正期の教育の理念と実践
——大正新教育運動を中心に——

　明治末期になり、全国に学校教育が普及していくとともに、その画一的な教育のあり方に批判が現れはじめた。当時の言葉でいう「教育改造」、すなわち大正新教育運動の萌芽が見られるようになった。

　大正新教育運動とは、それまでの明治期の国民教育のような、画一主義、知識の詰め込み、教師などの権威による一方的な教え込みや訓練を廃し、子どもの個性、自発性、興味・関心・意欲など、子どもを教育や学びの中心に据えた児童中心主義（子ども中心主義）の教育であった。

　それは児童（子ども）を受動的な教育の対象としてではなく、自律的・主体的な存在として、子どもの諸権利を認めようとした。それはまた「子ども」という存在の独自性を発見した点においても、近代日本の子ども観の転換でもあった。

　大正新教育運動のひとつの大きな特徴は、児童中心主義の理念や思想を、教育実践に応用するべく、都市部の私立小学校または師範学校附属小学校をはじめとする新学校において新教育の実践が試みられたことにあった。

　代表的な新学校のひとつに、澤柳政太郎が1917年に創立した私立の成城（せいじょう）小学校（現在の成城学園初等学校）が挙げられる。「個性尊重」「自然と親しむ教育」「心情の教育」などを教育理念として掲げた成城小学校では、当時の公立小学校が1学級50から70名もの児童を収容していたところ、1学級30名以下の児童に制限し、少人数教育をおこなった。教育方法は、アメリカのパーカースト（Helen Parkhurst,1887-1973）が開発したドルトン・プランによる「自学自習」を導入するなど、児童の興味や関心を重視した。また、当時の公立小学校の筆頭科目だっ

た修身を低学年に限って廃止し、早い学年から理科を教えるなど、児童の発達に応じた教育を試みる点で、成城小学校の実践は極めてユニークだった。

　野口援太郎や下中弥三郎らが 1924 年に創立した私立池袋児童の村小学校（1936 年廃校）では、児童は「教師を選ぶ自由」「教材を選ぶ自由」「時間割の自由」「場所の自由」をもつとして、徹底した自由主義と児童の生活体験に根ざした教育活動を展開した。個々の児童は自ら立案、作成した予定学習時間表をもとに自主的かつ計画的に学習を進めた。また、学校経営も父母の自由、児童の自由、教職員の自由の共同経営によって成り立つとされた。[2]

　師範学校附属小学校（現在の国立大学附属小学校の前身）でも、多様で独自の新教育が実践された。兵庫県明石女子師範学校附属小学校（現在の神戸大学附属小学校）では、及川平治が開発した分団式動的教育が導入され、子どもの能力に応じてグループに分けて、活動を通じた学習が実施された。このほかにも、千葉師範学校附属小学校（現在の千葉大学教育学部附属小学校）では手塚岸衛の自由教育、奈良女子高等師範学校附属小学校（現在の奈良女子大学附属小学校）では木下竹次が各教科の枠を超えて総合的に学習する合科学習、東京女子高等師範学校附属小学校（現在のお茶の水女子大学附属小学校）では北澤種一によって労働と作業を通じて人間形成をはかる労作教育がそれぞれ提唱・実践され、当時の教育界では大きな注目を集めた。いずれも教科の枠にとらわれることなく、教科書の知識を一方的に子どもに注入しようとする主知主義または受動的な教育ではなく、子どもの主体性や自発性をもとに、体験や経験を重視するなど、当時にしては斬新ともいうべき教育活動を展開した。

　しかし、子どもの自由や個性を認めるとはいっても、それは教育勅語体制や臣民教育の枠内に限られ、明治以来の国家主義または天皇制国家体制を乗り越えるものではなかった。また、新教育の実践は全国の一般の公立小学校には広くは普及せず、一部の師範学校附属小学校や私立（小）学校などに限られた。

3 昭和戦前期の教育の理念と政策

——戦時体制下における国民学校を中心に——

日本は 1931 年の満州事変以降、1945 年の敗戦に至るまでの約 15 年間、ひたすら軍国主義の道を突き進んでいった。なかでも 1937 年の日中戦争から敗戦までの時期は一般に総力戦体制期と呼ばれ、国民は天皇のもとの国民を意味する皇国民として、国家の統制や管理を受けた。

日本が総力戦体制下に入るとともに、教育も精神の総動員という理念に沿って再編され、その人材育成に純化していった。

1937 年 12 月に近衛文麿内閣の直属で設置された教育審議会において、教育の目的は教育勅語の「皇運扶翼の道」（天皇や皇室の運勢を繁栄させる）や「皇国ノ道」に基づいて、国民の心技体すべてを磨き鍛える錬成または修練にあるとされた。すなわち、「八紘一宇ノ肇国精神ヲ顕現スベキ次代ノ大国民」や「東亜並ニ世界ニ於ケル皇国ノ使命ヲ負荷スルニ足ル大国民」の育成が求められ、戦時総力戦体制に対応した国民形成が教育の国家的目標とされた。

学校教育は、子どもたちを「皇国ノ道ニ帰一セシメル（統合させる）」教育、あるいは「皇国ノ道ヲ修メシメ」る教育を目指すことになった。つまり、天皇中心の国家道徳を教育することで、子どもたちを国民として積極的に戦時国家体制に統合しようとしたのである。

そして、それまでの小学校は「国民学校」へと改称された。

国民学校の目的は、国民学校令（1941 年）第 1 条「国民学校ハ皇国ノ道ニ則リテ初等普通教育ヲ施シ国民ノ基礎的錬成ヲ為スヲ以テ目的トス」（傍点は筆者による）と規定された。「皇国ノ道」とは天皇の国の道徳であり、「錬成」とは児童のすべての能力を国家の目標に集中させて、国民的性格を鍛え上げることを意味した。そのなかでも、国民学校は、年齢が未熟な国民を意味する少国民の知識・技能、情操、身体を集中的に鍛え上げる基礎的な錬成機関であった。

以上のように、国民学校とは、天皇制国家における軍国主義や超国家主義の精神をもって、子どもたちの頭脳や肉体を鍛え上げて、日本帝国主義の対外政策であったアジア進出に貢献する勇敢な兵士（男子）の育成とともに、銃後で家庭や国家を守り支える女性を育成するための教育機関になっていった。

また、教育課程についても大幅な変更が加えられた。

国民学校では、少国民に必要な 5 つの資質に基づいて、それまでの 18 科目

が国民科（修身、国語、国史、地理）、理数科（算数と理科）、芸能科（音楽、習字、図画、工作、裁縫、家事）、体練科（体操と武道）、実業科（農業、工業、商業、水産）の5つの教科に統合再編され、合科教育がおこなわれた。なかでも国民科は国民学校の筆頭科目として、天皇崇拝や国体護持、そして侵略戦争の遂行に向けて、国のため、天皇のために命を惜しまないことが当然であるとして、これが繰り返し説かれた。

　教科書の記述にも、従来と比較して、軍国主義や国粋主義の理念とともに、天皇中心の国体を重視する内容が多く盛り込まれるようになった。国民科の修身では建国神話を教材として、日本は天皇や皇室を中心とする神の国であること、国史（日本史）では天皇制の歴史的発展が神話を交えて教えられた。

　その一方で、合科教育をはじめ、理科における実験や観察の重視、音楽における音感教育、国語における話し方の重視、修身における生活題材の活用など、カリキュラム改革を中心に、大正新教育運動の遺産も継承された。[4]

　1941年より実施された8年制の義務教育制度はアジア・太平洋戦争の激化と1945年の敗戦のため、完成前に崩壊した。

おわりに

　先行して産業革命を経験し、国民国家を確立した欧米諸国に追いつくことを目標に、日本は短期間のうちに国家統治制度を整備し、学校教育の普及を図っていった。とりわけ無償の義務教育である小学校は国民一般に広く共通の知識を普及させる媒体になり、近代日本の国民形成に重要な役割を果たした。

　本章を通じて明らかなように、明治から昭和戦前期という過去の内容にもかかわらず、現代の教育にも通じる課題を見出すことができる。教育勅語や戦時総力戦体制下の教育については、2006年の教育基本法の改正による愛国心重視の教育を、大正新教育運動における合科教育や体験を重視する子ども主体の学びは1990年代の「自ら調べ考えること」をめざした新しい学力観や「生きる力」、2002年に導入された総合的な学習の時間、そして昨今提起されているアクティブ・ラーニングなどにも通じるだろう。

　現在を生きる私たちは、教育の歴史や各時代の理念に対して無関心であってはいけない。過去から現在に通じる連続的な事象として歴史を捉え、その反省的な理解とそのうえに立った日々の実践が求められているのである。

▮ 演習問題 ▮

1. 教育勅語の原文の意味を調べ、その内容を明らかにしてみよう。
2. 新学校では、どのような教育活動が行われていたのかを調べてみよう。
3. 戦時教育体制下の教師や児童（少国民）の様子について調べてみよう。

注

1) 八木公生『天皇と日本の近代 下「教育勅語」の思想』講談社、2001 年。
2) 民間教育史料研究会『教育の世紀社の総合的研究』一光社、1984 年。
3) 戸田金一『昭和戦争期の国民学校』吉川弘文館、1993 年。
4) 前田一男「国民学校」久保義三他編『現代教育史事典』東京書籍、2001 年。

参考文献

小針誠『教育と子どもの社会史』梓出版社、2007 年。
田中智志・橋本美保『大正新教育の思想』東信堂、2015 年。
森重雄『モダンのアンスタンス　教育のアルケオロジー』ハーベスト社、1993 年。
山本信良・今野敏彦『近代教育の天皇制イデオロギー』新泉社、1987 年。

第8章 現代日本の教育とその理念

はじめに

2014 年 11 月、下村博文文部科学大臣（当時）は、中央教育審議会に対して行った諮問の中で、次の学習指導要領における「アクティブ・ラーニング」の充実を提案した（2016 年度改訂、2020 年小学校、2021 年中学校、2022 年高等学校で全面実施の予定）。今日の教育界における、アクティブ・ラーニングブームとも呼ぶべき現象の発端である。

文科省の定義によれば、アクティブ・ラーニングは「教員による一方向的な講義形式の教育とは異なり、学修者の能動的な学修への参加を取り入れた教授・学習法の総称」とされている。

本章では、なぜアクティブ・ラーニングの重要性が近年これほど声高に叫ばれるようになったのか、その背景と理念、さらには、懸念される問題とその克服の視点について論じていきたい。

1 「知識基盤社会」と「グローバル社会」

1 知識基盤社会とは何か

アクティブ・ラーニングが打ち出されるようになった背景は、「知識基盤社会」と「グローバル社会」という 2 つのキーワードで説明することができる。

まずは「知識基盤社会」についてから解説しよう。

私たちの社会は、かつての大量生産・大量消費が中心の産業主義社会から、知識・情報・サービスが中心のポスト産業主義社会へと変貌を遂げている。

すでに多くの商品が市場に行きわたっている現代社会においては、単純な大量生産・大量消費があまり成り立たず、企業は、さまざまなサービスや付加価値を見出し続けなければならなくなっている。さらに、経済のグローバル化、

地域住民や株主など、多様な人びととの声への対応、環境問題への取り組みなど、さまざまな新しい課題にも多かれ少なかれ対応しなければならなくなっている。

　こうした時代において、企業で働く従業員にはどのような"力"が求められているだろうか？

　産業主義社会においては、多くの企業が求める"人材"の大多数は、一部の経営者層の指示に従い、「言われたことを言われた通りに効率よくこなす」ことができる労働者だったといえる。そのため、学校教育もまた、子どもたちに「決められたことを決められた通りに勉強させる」ことが、ある意味では求められていた。そしてまた、その基準において子どもたちを"選抜"することにも、良い悪いは別にして、ある種の合理性があった。

　しかし時代は大きく変わった。ポスト産業主義社会（知識基盤社会）においては、大企業に限らず、企業の従業員には、「いわれたことをいわれた通りにこなす」だけでなく、自ら考え、また多様な人たちと協同して課題を解決していける、そのような力が求められるようになっている。

　企業で働く人たちばかりではない。それは、農業や漁業に従事する人たちにとっても、また、医者や教師といったさまざまな専門職にも、今日これまで以上に求められている力である。

　種々の専門知識は、現代急速に進展し続けている。また、複雑化する現代社会においては、専門家はその専門分野内部だけに閉じこもっているわけにはいかず、多様な職種の人たちとともに、協力し合って課題を解決していくことが求められている。

　さらにいえば、今の小中学生が社会に出る頃、彼ら彼女らの６〜７割は、現在は存在しない仕事に就くだろうといわれている。そしてまた、決して少なくない割合の職業が、その頃にはすでになくなっているだろうといわれている。

　このような社会において、学校は子どもたちに、決められた知識・技能をただ蓄積させるだけでなく、自ら学び、また学び続ける力を育む必要がある。いわゆる「コンテンツ・ベースからコンピテンシー・ベースへ」と呼ばれる学力の質的転換である。現代においては、どれだけの知識・情報（コンテンツ）をため込んだかよりも、それらを駆使して何ができるかという能力（コンピテンシー）が、より求められているというのである。

　以上が、近年アクティブ・ラーニングの重要性が叫ばれるようになった第１

の背景である。

2　グローバル社会

次に「グローバル社会」について考えてみよう。

教育の文脈で「グローバル化」が強調される時には、往々にして「グローバル競争に勝ち抜けるグローバル人材を育成せよ！」という主張が目立ってしまいがちであるように思われる。しかし、それはかなり一面的な主張である。というのも、「グローバル化」は、少なくとも次の3つの側面から考えられなければならないものだからだ。すなわち、「経済のグローバル化」「世界リスク社会としてのグローバル化」「文化交流のグローバル化」である。

まず「経済のグローバル化」だが、これはいうまでもなく、人・物・金の国境を越えた移動を意味する。先にみた「グローバル人材を育成せよ！」という主張は、主にこの意味における「グローバル化」を意識したものといっていいだろう。

しかしこの意味でのグローバル化には、実はきわめて深刻な問題もあるということを、私たちは十分に自覚しておく必要がある。

経済のグローバル化とは、それまではローカルな経済競争でよかったものがグローバル化するということだから、競争がきわめて苛烈になることを意味している。それは言葉を換えれば、世界規模の深刻な貧富の格差がもたらされかねないということである。

世界規模だけではない。一国内においても、それは深刻な格差を生み出す傾向がある。中国や東南アジア諸国など、低賃金の国や地域が「世界の工場」になると、グローバル経済においては、それに連動して、先進国の賃金が多かれ少なかれ低下せざるをえなくなるからである。

このような事情を踏まえると、「グローバル競争で勝ち抜けるグローバル人材を育成せよ！」と声を大にしていうのは——その必要性を全否定するわけではないにしても——かなり一面的な主張というべきだろう。

そこで、次の観点、すなわち「世界リスク社会としてのグローバル化」に目を移してみよう。

これは、ドイツの社会学者ウルリッヒ・ベックが1990年代末に提起した概念だ。予見も制御もきわめて困難になってしまった、世界大化したリスクを抱える社会。それが「世界リスク社会」である。2011年3月11日の、東日本大

震災に伴う福島の原発事故を経験した私たちにとって、これはあまりにリアリティのある言葉である。

このような時代における大きな課題は、利害や価値観の異なった多様な国の人びとが、いかに共通了解を見出していけるかということである。アクティブ・ラーニングは、多様な人同士が協同して課題を解決していく学びを重視しているが、その背景には、まさにこのような観点が盛り込まれている。

最後に「文化交流のグローバル化」だが、これは、私たちが今日、多様な文化や価値観をもった世界の人たちと、多かれ少なかれ何らかの仕方で交流し、共生していかなければならないことを意味している。

こうした社会において私たちに求められているのは、やはり、多様で異質な人たちと、協同・相互了解・相互承認関係を築き合っていくことだろう。

以上が、アクティブ・ラーニングの重要性が叫ばれるようになった第二の背景である。

2 懸念される問題

このような時代・社会的背景を踏まえれば、いわゆる画一一斉授業からアクティブ・ラーニングへと学びの重点を移行していくことには、十分な妥当性がある。

しかしその上で、昨今の「アクティブ・ラーニングブーム」とも呼ぶべき現象には、いくつかの問題を指摘しておく必要がある。

1つは、教員の支援についての問題である。アクティブ・ラーニングを充実させるためには、行政は「これから学びの質的転換をはかります。先生たちは各自でがんばってください」という態度でいてはいけない。徹底的な支援が必要である。

私の見聞きするところ、アクティブ・ラーニングにかんする行政の研修は未だ不十分で、アクティブ・ラーニング研修を一斉講義で行うという、笑えない冗談のような事例も数多く聞く。「このようなアクティブ・ラーニングをせよ」と、教師の主体性を無視して方法を上から決定する、やはりアクティブ・ラーニングの本質に矛盾した研修も多いという。アクティブ・ラーニングという以上、教師自身の主体性・能動性・裁量を活かした実践ができるようなサポート体制が必要である。

　さらに、これは困難な課題ではあるが、本来は教師1人1人に十分な研究・研修予算をつける必要がある。オランダでは教員1人につき年間約13万円の研究費が支給されるが[1]、そのような予算があれば、行政によるモチベーションの上がりにくい「やらされる」研修を減らし、1人1人の教員が自分の必要に応じた研修を、自主的に選択できるようにもなるだろう。潤沢な研究費をすぐに支給するのは困難だが、少なくとも、「やらされる」研修を増やすよりは、自主的な研修を徹底的にサポートする方向へと舵を切る必要がある。

　もう1点、アクティブ・ラーニングの本質にかかわる大きな問題を指摘しておきたい。

　それは、今日アクティブ・ラーニングが、ごく単純に「協同的・協調的」な学びとほぼ同義で使われることが多いという点である。

　もちろん、これはアクティブ・ラーニングの1つの重要なあり方である。しかし、もしも「協同的・協調的」な学びだけがアクティブ・ラーニングのように思われたとしたら、それは、これまでのいわゆる「一斉授業」が「一斉アクティブ・ラーニング」に変わったにすぎない。つまり、授業における学びのスタイルは、結局のところ教師によって決められたままなのであり、そこに子どもたち自身の選択の余地はないのである。

　アクティブ・ラーニングが重視する主体的・能動的な学びとは、自分にはどのような学び方が最も適しているかということもまた、主体的に考え模索していく、いわば学び方それ自体を学び取っていけるようなものであるべきだろう。

　そこで最後に、今後15-20年かけてアクティブ・ラーニングが向かうべき方向性を提案することにしたいと思う。

3　学びの「個別化」「協同化」「プロジェクト化」の融合

　その方向性を、私は学びの「個別化」「協同化」「プロジェクト化」の融合として提唱している。

　まず学びの「個別化」についてだが、アクティブ・ラーニングにおいて最も重要な視点の1つは、子どもたちは1人1人、自分に向いた学びのあり方も、進度も、興味・関心も、本来違っているということを十分に自覚することである。決められたことを、決められた時間割に従って、皆に同じ進度で勉強させる。考えてみれば、これはきわめて非効率なことである。

　いわゆる「落ちこぼれ」は、こうした学校教育システムによって生み出されてしまっている側面がかなりある。もしも、１人１人に向いた学び方や進度で学習を進めることができたなら、彼ら彼女らは、もっと高い学習レベルに到達できたかもしれないのに。

　といっても、学びの「個別化」は、「孤立化」して学習を進めるというものではない。ここには学びの「協同化」が融合される必要がある。

　それぞれが個々別々のことをしながらも、なお、お互いにゆるやかにつながりながら、教え合い学び合う。たとえば、こちらでは計算問題を、あちらでは詩の暗誦をしている子どもがいたとして、でも必要に応じて、こちらの子があちらのクラスメイトに計算方法を尋ねたり、あちらの子がまたこちらのクラスメイトに詩の暗誦を聞いてもらったりする。そんな、ある意味では淡々とした学び合いが、学びの「個別化」にはセットになっている必要がある。「協同的な学び」は、一斉授業や単なる個別学習よりも、子どもたちの学力向上におおいに寄与することが多くの研究で明らかにされている。

　最後に、自ら考え自ら学ぶ力を育むためには、今後カリキュラムの中軸を「プロジェクト型の学び」へと転換していく必要がある。「いわれたことをいわれた通りに」学ぶ学びではなく、成長に応じたさまざまなテーマについて、自分（たち）で問いを立て、自分（たち）なりの仕方で、自分（たち）なりの答えを見出していく学びである。「総合的な学習」は、今後そのようなものへと充実させていく必要がある。

　ここにおいて、教師の役割は「答えを持っている者」から「共同探究者」あるいは「探究支援者」へとシフトする。アクティブ・ラーニングが主体的・能動的な学びであるとするならば、教師の主要な役割は、ただ一方的に教えるだけでなく、むしろそうした子どもたちの学びをサポートしガイドすることにこそある。

　以上が学びの「個別化」「協同化」「プロジェクト化」の融合の概要だが、字面を見ただけではイメージが沸きにくいかと思う。オランダのイエナプラン教育などがその１つのモデルになりうる実践なので、YouTubeなどで検索して、実際の映像を見てもらえればと思う。

おわりに

　今、戦後最大の教育改革が行われようとしている。アクティブ・ラーニングの充実がその中核だが、それとセットで大学入試の改革も間近にせまっている。学びの転換が行われるのであれば、その評価の仕方もまた変えるのは当然のことである。

　大きな混乱も予想されるが、だからこそ、本章で述べてきたようなこれからの教育のヴィジョンを、私たちは今のうちに共有しておく必要があるだろう。

演習問題

1. 「知識基盤社会」についてよりくわしく調べてみよう。
2. オランダ「イエナプラン教育」、「きのくに子どもの村学園」、「サドベリーバレースクール」について調べてみよう。
3. 大学入試改革について調べてみよう。

注

1) リヒテルズ直子・苫野一徳『公教育をイチから考えよう』日本評論社、2016 年。

参考文献

教育課程研究会編『「アクティブ・ラーニング」を考える』東洋館出版社、2016 年。

苫野一徳『教育の力』講談社、2014 年。

リヒテルズ直子『オランダの個別教育はなぜ成功したのか──イエナプラン教育に学ぶ──』平凡社、2006 年。

リヒテルズ直子・苫野一徳『公教育をイチから考えよう』日本評論社、2016 年。

コラム1

▶教育学と教育実践の往還

教育学とは何か？

「法律を学ぶのが法学部、経済学を学ぶのが経済学部、そして教育学を学ぶのが教育学部なのです。」……教育学部の大学教員である筆者が、受験生対象によく説明するフレーズである。そして私なりに「教育学とは……」というのを一生懸命説明するのであるが、あまり理解してもらえない。「教育学部とは、卒業後に学校の先生になろうという人が、教師になるための知識や技術を学ぶ場」というイメージが強いのである。受験生でもこのような状況であるから、まして社会一般となると、「教育学」の認知度はかなり低いものと考えてよいであろう。

「教育学」とは、どのように定義できるのか？極めて抽象的で簡潔であるが、「教育って何なんだろう？」「よい教育とは何か？」について答えを出す学問、ととらえることとする。「学問とは何か？」ということに関してはとてつもなく大きな議論となるが、「先行研究があり、研究方法と研究対象がはっきりしていて、近接領域の学問との違いがはっきりしている」といった定義にしておく。以上を確認した上で、教育学の深め方、発展の方策について、2つの方法を提示して、それをもとに教育学のあり方について述べていくことにしたい。

「親学問」を基にした教育学の可能性と、その限界

1つ目は、「親学問」を基に発展するという考え方である。教育学とは独自の学問蓄積があるわけではなく、「親学問」とでも言うべき基となる学問が存在していて、そこでの学問的蓄積を基に、教育学を発展させていくという考え方である。哲学、心理学、社会学といったものを「親学問」として、それぞれ教育哲学、教育心理学、教育社会学という教育諸科学（教育学の中の様々な分野）が成立していると考えてよい。例えば、教育学（教育哲学）という分野でカントを研究するとすれば、哲学という学問領域ですでに行われているカントの研究を先行研究として扱うのである。教育心理学と心理学、教育社会学と社会学などにおいても、同様の構図であるとみなしてよい。

「親学問」は、すでに教育学以上の権威を獲得していることが多いので、教育学に「親学問」を「輸入」することは、教育学の権威を増すことになる、体系的、科学的、客観的な研究に近づくことは間違いないであろう。しかし一方で、「親

学問」を抜きにして教育学は成り立たない、教育学は単独で自立できない、という問題点も同時に抱えるということになる。

そして何よりも問われることは、威信を持った親学問から借りてきた理論が、「教育って何なんだろう？」「よい教育とは何か？」といった問いに対して、答えを出すことが出来るか、ということである。このスタンスに立つ研究者は、答えが出ていると認識しているのであろうが、それがどこまで学校や家庭や地域で教育に携わる人々や、社会一般の人々を納得させるのかは、難しいところである。

「教育実践から積み上げる教育学」の功罪

　一方、教育学を発展させていく方策として、もう1つのアプローチがある。幼稚園や小中高等学校、特別支援学校などのいわゆる「学校現場」で教科指導や生徒指導を行っている教員の日々の活動（これを一般的には「現職教員の教育実践」とよぶ）を積み上げていき、そこから一般的な法則性、傾向性を見出して、帰納的に理論としてまとめるという方法である。例えば、「教師が教材を選んで一方的に教えるより、子どもがやりたいことを自ら見つけて学習する方が、子どもは意欲を持ち、知識が身につきやすい。この実践から、学校で教える内容は、児童中心のものにすればよい」といった具合である。

　現職教員の教育実践は、わかりやすく、迫力があり、何といっても実際に起こったことを基にするので、説得力もある。大学などの教員養成の現場で重視されるのは、「実践的指導力」という名のもとに、このような教育実践をもとにした内容であることが多い。

　しかし、このような「教育実践から積み上げる教育学」も問題点をはらんでいる。まず、教育実践から得た知見は、どんな教員やどんな子どもにもあてはまるとは限らない。様々な教師や子どもがいるなかで、必ず有効である、あてはまる理論など存在しないのである。

　そして、教育実践そのものは、教育の現状分析（「教育って何なんだろう？」という問い）よりも、あるべき教育の探究（「よい教育とは何か？」という問い）が強いので、教育実践を基にした教育学も、あるべき姿に重きを置いたものとなり、現状分析が弱くなるという面は否めないのである。現状の把握が弱いままで、「こうあるべきだ論」を展開していても、土台がぐらぐらしている上に家を建てようとするようなもので、「あるべき教育の姿」の説得力も弱くなる、という面がある。

この傾向がさらに強くなれば、「よい教育とは何か？」を考える際に、教育実践のスキルやノウハウだけとなり、「教育学」という1つの学問体系になりにくい、または学問を目指す意思もない、ということになる。

あるべき「往還」とは

ここまで、教育学の発展について、2つの方向性を述べた。親学問を基にするのがいいのか、あるいは教育実践から積み上げるのがいいのか。答えはないであろう。両方共に重要で、どちらかだけに偏ることは危険なのであろう。そして両者は同時に成り立たないという関係ではない。双方のアプローチから教育学をより高めていくことが出来るのである。

ここまで行ってきた議論は、教育哲学において、「理論と実践の往還」といった問題関心で行われる議論にやや近いものがある。往還とは「いったり来たりすること」である。理論だけ、実践だけではなく両方が必要なのである。本稿での議論にひきつけて考えてみると、「親学問を基にする」「教育実践から積み上げる」のどちらか1つだけではだめで、両者がお互いにミックスして、より高いレベルの研究となる、ということが、理想的な形であろう。

最後に、教育学のあるべき姿について、個人的な意見も含めて述べておきたい。学問を分類する時、「人文科学」「社会科学」「自然科学」という3つのカテゴリーがよく使われるが、教育学は社会科学に入ることが多い。自然科学と社会科学の違いとして、社会科学は、数学や物理のような、完璧な答えがあるわけではなく、それを求めてもいけないのであろう。また、社会科学の理論は、個々の研究者が身を置いている政治状況や経済状況にも左右される、という面もある。このように考えると、教育学における「問い」や「答え」は曖昧なものである。この状態を憂い、教育学でも教育実践でも「曖昧さを減らそう」「自然科学にも負けないような普遍性の高い理論や法則を作ろう」という方向性も、間違っているわけではない。しかし、曖昧であるからこそ、自由な発想が出来て面白いともいえるのである。一方、教育実践という営みも、教育学と同じく不確実性が高い要素が多い。最初の前提としてこの「曖昧さ」を十分に認識した上で、教育学と教育実践が往還していくことが重要だと考える。

第9章 学校における教師と子ども
——かくれたカリキュラム——

はじめに

　小中学生や高校生の時、新学期が始まる直前、「担任の先生は誰になるのだろう」と期待と不安があった、そしてクラス発表があったら「お友達の○○さんと違うクラスになってしまった……」と悲しくなった。このような経験は誰でもしているであろう。なぜ担任やクラスの発表にドキドキするのかと言えば、子どもの方から選ぶことは出来ないのに、子どもに対する影響力が強いからである。

　本章では、この教師と生徒の関係を、「かくれたカリキュラム」という概念から考察していくことにしたい。かくれたカリキュラムとは、「主として学校において、表立っては語られることはなく、暗黙の了解のもとで潜在的に教師から生徒へ伝達されるところの規範、価値、信念の体系[1]」のことである。差別や不平等といった好ましくない価値が伝わるということが、もともとの意味であるが、次第に意味が広がってきた。「教師が意図しないにもかかわらず、学習者である児童・生徒が、学校の中で獲得している行動様式や規範、その背後にある価値観までをも含む概念[2]」という意味で使われることが普通となっている。

　柴野昌山は、「かくれたカリキュラム」には2つのタイプがあるとしている。1つは、「教室において生徒が習得しなければならない暗黙の価値基準」であり、もう1つは「イデオロギーとしてのかくれたカリキュラム」である。まず前者から考察していく。

1　教師が持つ権力

　学校の中にある学級という集団において、教師は圧倒的な権力を握っている。机やいすの配置、教室の横や後ろに貼る掲示物の作成などは、たいていは教師

が行うであろう。そして、班や係や委員、掃除当番などの決定なども、具体的に誰がなるのか、といったレベルでは子どもが相談してきめるのであろうが、基本的な枠組みは教師が決めているといってよい。児童生徒が自治的な感覚を身につけるために、児童会・生徒会活動などが重要であること何人も疑わない。しかし、職員会議に参加するなど、実際に学校経営に参加するというのは難しいであろう。

　この上で、教師が持つ権力が顕著に表れるのは、授業の時間である。授業の開始や終了は、教師が決めることである。チャイムが鳴ったら着席する。先生が話し出したら、黙って話を聞く。このような学校の日常風景のなかに、教師の持つ権力性が表れている。授業中に「本を読め」「プリントの問題を解け」「グループでディスカッションせよ」などと教師が指示を出せば、すべて教師の指示通りに子どもは動かなければならない。

　教師が持つ最も大きな権力は、子どもに成績をつける、すなわち評価することであるといえよう。学校においては、計算や英単語などドリルのようなものから、定期試験に至るまで、子どもが評価されることが日常的にある。通信簿に成績がつき、それが「評定平均」という名のもと、進路を実質的に決定することが少なくないのである。

　今日の教育改革でアクティヴ・ラーニングがよく言われている。また、反転授業という教育形態も様々な形で実践が行われている。反転授業とは、従来は教室で行われていた知識伝授の要素を、授業のビデオの視聴という形で自宅にて学習し、従来は自宅で宿題を通して行われていた「知識の咀嚼（そしゃく）」の要素を教室で行う教育形態のことで、ICT をふんだんに活用している。[3] また、GIGA スクール構想により、「1 人 1 台端末」など教育現場においては ICT 環境が急速に整備されつつある。しかし、これらの実践や施策も、教育方法や教育技術の改革という面が大きく、「学校」あるいは「学級」というしくみを根本から覆すまでには至っていないといえよう。

2　学校が持つイデオロギー

　このような「教師─子ども関係」を有している学校であるが、学校というしくみ自体が、1 つのイデオロギー[4]に染まっており、そのことを暴くという研究が一時期さかんになった。柴野昌山のいうところの「イデオロギーとしてのか

くれたカリキュラム」で、「教師—子ども関係」とは違ったもう1つのタイプの「かくれたカリキュラム」であるとしている。代表的な論者・論考としては、イリイチ（Illich, I.）の「脱学校論」やアップル（Apple, M. W.）の文化的再生産論、フレイレ（Freire, P.）の「被抑圧者の教育学」などがある。

　イリイチは、学校そのものは、神話を作り出していくところとされている。その神話とは、「何でも数量化して測定することにより、人々の優劣がわかるという神話」や、「1つのことを学べば、その次にさらに学びたくなるという、無限に進歩するという神話」などがある。そして、学校で教える知識や技術が広まって価値を持つ社会を、「学校化された社会」と呼ぶ。学校化された社会では、専門家が制度を作り、その結果人々は不幸になっていると指摘している。一例として、病気になれば人々は資格を持った医者に頼ろうとし、自分の力だけで治そうとしない、自分で治そうとするのは良くないという価値観が作られ、個人としての潜在的な能力が失われていくという構造である。

　アップルは、学校で教えられているカリキュラム（教育内容）に注目している。ネオ・マルキストのアップルは、支配者階級が自らの都合がいいように学校を支配し、カリキュラムを規定しているとしている。学校は、「文化やイデオロギーにおけるヘゲモニー[5]の代理人として、選別された伝統と文化的＜編入＞の代理人として機能している[6]」ととらえている。私たちが気付かないところで、支配が広がっているということである。

　また、フレイレは、彼の出身地であるブラジルにおいて、貧困層を対象とした識字教育の活動を行っており、その活動を通して独自の教育観を築いた。フレイレは、近代学校における教育は、学習者は無知であるという前提のもと、知識を伝達し、その知識の注入の結果、主体性を奪われ、「抑圧—被抑圧」という構図が出来あがっていくとして批判したのである。先進国の文化を持ち込むものが学校で、発展途上国は搾取されていくという視点は、彼の理論の大きな特徴である。

3　学校そのものへの批判の限界

　このように、主として1970年代から1980年代にかけて、学校というしくみそのものが批判された。しかし、この当時から今日に至るまで、学校そのものが根底から変わること、学校に変わって別のしくみが生まれて主流となること

はなかったといってよいであろう。その理由は何かと考えれば、端的に言えば、学校を上回る教育のしくみはなかったからである。

イリイチやフレイレは、学校教育に代わる教育のしくみについての提言を行っている。ごく簡潔に言えば、学習者がネットワークを作り、自分に必要なものを自ら見つけて主体的に学ぶということであるが、結局は学校と同じようなものが出来てしまうことにすぎない、と指摘されるところとなっている。

また、今日の日本において、不登校者が学ぶフリースクールが多く存在する。不登校者にとってはかけがえのない存在であるが、「学校と共存し、役割分担をしながら子どもの教育にあたる」「学校に居場所がない子どもに、居場所を作る」という姿勢でいるフリースクールがおそらく大半であろう。「学校の教育は間違っていて、フリースクールでの教育こそが真の教育だ。フリースクールが学校に取って代わらなければならない」といった考えを持つフリースクールは、少ないとみてよいであろう。

もう少し具体的なレベルでの考察としては、次のようなものがある。学級の閉鎖的な空間、固定的な人間関係がいじめの原因の１つとも言われているし、ネットによる知識の学習やコミュニケーションが爆発的に増えている。このような点から、学校や学級の相対的な価値は減っている、あるいは減らすべきだという議論がある。しかし、だからと言って学校そのものを否定することにはつながっていない。例えば、知識の習得だけであれば、ICT を駆使して何とかなるのかもしれないが、休み時間や登下校時にお友達としゃべる、体育祭や修学旅行などの学校行事で親睦を深める、部活動に打ち込むといった人間形成の場としては、学校は大きな役割を果たしている。それがなくなってしまうのは良くない、とは多くの人が持つ自然な気持ちであろう。

以上のように、学校に対する批判があるが、学校というしくみは変わらないのである。そして、学校というしくみがそのままということは、教師と子どもとの関係も基本的にはそのままであると考えてよいであろう。このような構造、このような前提の上で、どのような「教師―子ども関係」があり得るのかを、最後に提起することとしたい。

おわりに

「教師―子ども関係」の改善の方策について[7]、希望的な観測も込めてであるが、

文部科学省が推進しようとしている「チーム学校」に焦点をあてて論じていきたい。

　「チーム学校」とは様々な文脈があるが、最も大きいものの１つは、教員だけがすべての業務をこなそうとするのではなく、専門スタッフや地域の人たちが、各々が持つ知識や技術を生かし、チーム力によって子どもの教育に携わり、学校教育をより充実させていこうという考え方である。専門スタッフの一例としては、スクールカウンセラー、スクールソーシャルワーカー、臨床心理士や社会福祉士、看護師などが例示されている。これらの専門スタッフは特に、生徒指導や特別支援教育について活躍することが期待されている。地域人材の活用としては、英語が堪能な人に英語の指導をまかせたり、部活動の指導をその競技の経験者にまかせることなどが考えられている。

　このような「チーム学校」が実現したとしても、イリイチやフレイレが告発したような学校の根本的なしくみは、変わらないであろう。しかし、教師が圧倒的な権力を持っていて、子どもはその権力を受け入れるのみ、という構図は多少の変化が期待できるのではないだろうか。例えば小学校の学級をいう場で考えると、従来は朝から下校時間まで学級担任が子どもの教育にあたっており、「学級王国」などという言葉でその閉鎖性が指摘されていた。しかし、前述の様な専門スタッフや地域人材が子どもと交流する機会が出てくれば、担任からあまり評価されない子どもが、別の「学校で働く大人」からは評価されるという可能性が出来ているのである。対症療法的、小手先だけの改善策と言われればその通りかもしれない。しかし、厳しく批判されつつも存在そのものまでは否定されない学校というしくみについて、教師と生徒のあるべき関係を考察しようと考えれば、この「チーム学校」という考え方は、１つの方向性としてあり得るのではないかと考える。

|　演習問題　|

1.「かくれたカリキュラム」の意味についてまとめてみよう。
2. 学校に代わる学びの場やしくみについて、どのようなものがあり得るのか、考えてみよう。
3.「チーム学校」について調べてみよう。

注
1) 柴野昌山「社会化と社会統制」柴野昌山・菊池城司・竹内洋『教育社会学』有斐閣、

1992 年、61 頁。

2) 須田康之「学校文化の視角——児童・生徒の読み——」南本長穂・伴恒信編著『子ど
　も支援の教育社会学』北大路書房、2002 年、96 頁。

3) 反転授業については、文部科学省の次の HP を参照されたい（http://www.mext.go.jp/
　b_menu/shingi/chukyo/chukyo4/004/gijiroku/__icsFiles/afield-
　file/2013/08/26/1338978_06.pdf　2016 年 10 月 30 日最終確認）。

4) 特定の集団なり社会階級に特有の、自己正当化のための観念。その集団なり階級を離
　れては虚偽・幻想・矮小な信念・信仰とみなされるもの。

5) 覇権。特定の人物や集団が長期にわたって強い権力を握ること。

6) 須田前掲論文、98 頁。

7) 今日の日本の学校の「教師―子ども関係」は良くないもので、絶対に改善が必要なのか、
　という点については議論の余地があろう。権力関係の実態を暴くということと、その実
　態を否定的にとらえて改善しようということは、厳密には別の次元の話になる。しかし、
　ここではこの両者を同一にみなして、方策を考えるということである。

8)「チーム学校」の詳細については、文部科学省の中央教育審議会の答申を参照されたい
　（http://www.mext.go.jp/b_menu/shingi/chukyo/chukyo0/toushin/__icsFiles/afield-
　file/2016/02/05/1365657_00.pdf　2016 年 10 月 30 日最終確認）。

参 考 文 献

アップル, マイケル・W.（門倉正美他訳）『学校幻想とカリキュラム』日本エディタースクー
　ル出版部、1986 年。

イリッチ, イヴァン他著（松崎巌訳）『脱学校化の可能性：学校をなくせばどうなるか』
　東京創元社、1979 年。

加野芳正・藤村正司・浦田広朗編著『新説　教育社会学』玉川大学出版部、2007 年。

パーマー, ジョイ・A. ／ブレスラー, リオラ／クーパー, デイヴィッド・E. 編著（広岡
　義之, 塩見剛一訳）『教育思想の 50 人』青土社、2012 年。

フレイレ, パウロ（三砂ちづる訳）『新訳　被抑圧者の教育学』亜紀書房、2011 年。

コラム 2

▶教師の使命感を考える

はじめに ── 審議会答申の動向と「教師の使命感」

　中央教育審議会の 2012 年 8 月 28 日答申「教職生活の全体を通じた教員の資質能力の総合的な向上方策について」において「これからの教員に求められる資質能力」の第一には、「教職に対する責任感、探求力、教職生活全体を通じて学び続ける力（使命感や責任感、教育的愛情）」をあげている。続いて、『「学び続ける教員像」の確立が必要である』とも述べている[1]。教員養成課程はほとんどの教員にとって 4 年だけであり、採用後の期間のほうが長い人が大多数である。教員は「学びを教える人」であり以上、自分が「学ぶ姿勢」を持たなければならないのはそれ自体が教員の「使命」であるといえよう。ところが、教員の読書時間の平均は約 14 分にすぎないというデータがある[2]。一方で、睡眠時間は平日一日平均で 6 時間と、他の労働者に比べて約 1 時間も少ないという現状がある[3]。教員が「学び続ける」ための時間が勤務時間内に保障されていることが必要である。

　日本の教員採用は都道府県・政令指定都市単位で行われるのが原則である。こういった答申は各県・政令指定都市が求める「教員像」として明文化されているものに影響を与えていることは明らかである。たとえば、東京都教育委員会の「求められる教師像」として第一に挙げられているのは「教育に対する熱意と使命感をもつ教師」であり、それは「子どもに対する深い愛情」「教育者としての責任感と誇り」「高い倫理観と社会的常識」と敷衍されている[4]。

　教員が職責の遂行のために、使命感や責任感、倫理観を持たなければならないということに、異論を唱える人はおそらくいないであろう。しかし、それは「職責の遂行のため」の範囲内であって、無限定な使命感の量を求めるものではない。ただでさえ、教員の職責の範囲内は確定しにくい性質のものであるといわれる。どこまでが「教員としてやらなければならないこと」なのかは、必ずしも明白ではない。しかしあくまで、教員は基本的に労働基準法の適用をうける労働者でもある。例えば「労働時間」にせよ、無限定な労働までを要求されるものではないことは、いうまでもない。

　中央教育審議会は 2019 年 1 月 25 日に「新しい時代の教育に向けた持続可能な学校指導・運営体制の構築のための学校における働き方改革に関する総合的な方策について」という答申をだして、『「子供のためであればどんな長時間

勤務も良しとする」という働き方は、教師という職の崇高な使命感から生まれるものであるが、その中で教師が疲弊していくのであれば、それは「子供のため」にはならないものである。教師のこれまでの働き方を見直し、教師が日々の生活の質や教職人生を豊かにすることで、自らの人間性や創造性を高め、子供たちに対して効果的な教育活動を行うことができるようになるという、今回の働き方改革の目指す理念を関係者全員が共有しながら、それぞれがそれぞれの立場でできる取組を直ちに実行することを強く期待する。』と述べている。ここ10年における労働時間の増加を問題視し、「働き方改革」の必要性を述べている。

教員の労働事情の国際比較

OECD 国際教員指導環境調査報告書によると、教員の週当たり仕事時間に関しては調査国平均が 38.3 時間であるのに対し、日本は 56.0 時間[5]と他国を大きく引き離した長さである。内訳として、「指導（授業）に使った時間」は 18.0 時間と参加国平均（20.3 時間）以下であり、「一般的事務業務時間」が 5.6 時間（参加国平均は 2.7 時間）、「課外活動の指導」は 7.5 時間（同 1.9 時間）が総労働時間を長くしている[6]。

一方で「教員の自己効力感」については、教科指導、生活指導両面において、日本の教師のデータは他国よりきわめて低い[7]。たとえば、中学校教員で「生徒に勉強ができると自信を持たせる」について、「非常によくできている」「かなりできている」と答えた教員の割合は、日本は 24.1％、参加国平均は 86.3％である[8]。日本の教師の多くが長時間労働をいとわず、「子どものために」という、仕事に対する使命感をもっていることが読み取れるであろう。しかし、自己効力感の圧倒的な低さは問題視されなければならない。

「全体としてみれば、この仕事に満足している」教員は 81.8％いる（参加国平均は 89.7％）ものの、「現在の学校での自分の仕事の成果に満足している」は 49.0％（参加国平均は 92.7％）と大きく低くなる[9]。目の前の現実と理想のギャップを感じている教員が多いことが考えられる。

プレラの「教員の義務論」と日本の教員

フランスの教育哲学者エイリック・プレラは「教員の義務論（déontologie）」に関して、多くの著作をものしている。彼は、法的に制度化された教育のなかでの職業人としての教員の義務論を論じている[10]。教員には職業上のモラルがあ

り、それは公的で共有されるべきものであり職業特有のものであるという[11]。彼は「穏健な義務論[12]」を主張し、教師がもつべき義務論として３つの原則をあげている。それは、「簡素の原則」（あまりたくさんの規範をつくらないこと）、「安定性の原則」（「法外」な義務を課さないこと。すべての教員が受け入れられる義務にとどめること）、「控えめの原則」（理想的な教員像については沈黙すべきであって「完璧な教師」を求めない）、である[13]。彼はあくまで教師のもつべき職業規範としては、高すぎるものを設定しようとせず、固定的なものにしようとしない。特定の理想をかかげず自由な教育活動を行うことを保障すべき、と主張しそれがよりよい教育実践へとつなげることができると考える。

　教員のもつべき「使命感」はもちろん必要である。しかし、通常の職業人に求められる限度をこえるのは「高すぎる」ものを設定するのは問題である。教師の労働時間の長時間化がいわゆるバーン・アウトにつながること、そこまではいかなくとも子どもの学力向上につながらなくなることはおきうる。教材研究などの時間のゆとりがあることが、結局は子どもの学力向上につながることである。

　データ上も明らかな日本の教員の「一般的事務業務」時間の長さが指摘されるようになって久しいところである。教育とかかわりの低い仕事に忙殺されていることは、授業の質の低下にもつながる。データからもよみとれるように、「教員」という仕事に満足している教員は多い。「教員」という仕事に使命感をもった教員が多いことの表れともいえよう。しかし、自分の仕事への満足度が低いのは、「教員が仕事をする」ための労働環境が十分に整備されていない、勤務条件の整備がなされていないことの反映ではないだろうか。

注
1）なお、この答申では「教師」でなく「教員」という語が使用される。学校の一員という意味であれば「教師」よりは「教員」が使われることが多いが、本稿も今後基本的に「教員」を使うこととする。
2）「『教員の働き方』と『時間管理のあり方』を問う！」(http://tokyokyouso. org/archives/1952, 2021 年 5 月 29 日最終確認)。
3）前掲。
4）https://www.kyoiku.metro.tokyo.lg.jp/static/kyoinsenko/motomeru_ kyoushi.html (2021 年 6 月 15 日最終確認)

5) 国立教育政策研究所編『教員環境の国際比較　OECD国際教員指導環境調査（TALIS）2018報告書』ぎょうせい、2019年、72頁。

6) 前掲。

7) 前掲書、82-88頁。

8) 前掲書、82頁。

9) 前掲書、203頁。

10) Eirick Prairat, *De la déontologie enseignante*, PUF, 2009.

11) Eirick Prairat, *Enseigner: quelle éthique ?*, Canopé, 2015, pp.26-28.

12) Eirick Prairat, *La morale du professeur*, PUF, 2013.

13) Eirick Prairat, Le professeur, les valeurs et la déontologie profession-nelle,『教育学研究論集』（武庫川女子大学）第12号、2017年、pp.81-87.）エイリック・プレラ（中田浩司訳）「教員、価値と職業的義務論」『教育学研究論集』（武庫川女子大学）第12号、2017年、89-92頁）

コラム 3

▶教職に求められる倫理とは何か

教師の教育の自由をめぐる問題

　教師はどこまで自由に教育することが許されるのか。また、教師にそうした意味での教育の自由が認められるとしても、教師は教育を行う子どもに対してどのような自覚を持つべきなのか。もとより、この問いに一義的に答えを導くことは容易ではない。日本国憲法第 23 条で保障された学問の自由は、大学等の高等教育機関の教師に一定の教授の自由を保障する一方、それが、小中高等学校等の教師にも教育の自由として保障されるのかについては、長らく憲法学上の争点として、戦後の教育裁判で争われてきた論点でもある。

　最高裁判所は、1976（昭和 51）年 5 月 21 日の判決において、発達の途上にある小中高等学校の児童・生徒は批判能力に乏しいこと等を理由として、小中高等学校等の初等中等教育機関の教師に大学等の教師と同様に教授の自由を保障することはできないとの判断を示した。しかし同時に、この判決では、教育内容の決定には及ばない範囲で初等中等教育機関の教師にも一定の教育の自由は保障されるとの判断をも示し、教育内容決定権の所在をめぐり争われた「国家の教育権」vs.「国民の教育権」論争に一定の決着をつけたものと評されている。これが旭川学力テスト事件最高裁判決である[1]。

　戦後の日本の教育裁判において、教育の自由という概念は、もっぱら教師がどこまで自由に教育することが許されるのかをめぐる概念として位置づけられてきた。しかし、近代公教育の歴史を辿れば、それが単に教師の教育の自由を意味するものではないということにも留意する必要があろう。こうした教育の自由の多義性を理解することによって、冒頭に掲げた問いに対する示唆を得られるように思う。

教育の自由の多義性

　戦後の日本の教育裁判で引き合いに出されたフランスの近代公教育史においても、教育の自由という概念は折に触れて目にする概念である。その際にも教育の自由は多義的な概念として位置づけられており[2]、その 1 つは 19 世紀末に世俗化された公教育と併存する形で認められてきた私立学校の設置・運営の自由である。また、今 1 つには、世俗化された公教育において宗教教育をいかに行うかという意味での教育の自由の概念があり、加えて、第五共和制に至って、

宗教系私立学校に対する国庫助成が政教分離原則であるライシテ（laïcité）の原則を掲げた憲法に反するかという問題をめぐりその概念が掲げられてきた。このように、フランスにおける教育の自由とは、代表的には、私学教育の自由を意味するものとして理解されることになる。

　しかし、この際に重要なのは、フランスの教育の自由という概念には私学教育の自由に限らず、日本での文脈と同様に教師の教育の自由の概念も含まれるという点である。その法的根拠は、フランスの行政法の概念である公役務（service public）に求められる中立性（neutralité）の要請であり、公教育が政治的・宗教的な中立性を維持するため、公権力から独立した教師の教育の自由が一定程度保障されなければならないという原則を意味する。

近代公教育法制と教師の教育の自由

　こうした教師の教育の自由の概念は、フランスの近代公教育法制の確立期に起源を有する。フランスの近代公教育法制を形づくる 1881 年の「公立学校における初等教育の完全な無償を確立する法律」と 1882 年の「初等教育を義務化する法律」（以下、1882 年法という）では、初等教育の義務化、無償化と教育内容の世俗化が規定され、1886 年の「初等教育の組織化に関する法律」によって教員の世俗化が規定されたことにより、義務・無償・世俗の原則を備えた近代公教育制度が成立した。1882 年法の制定過程では、宗教教育を廃止する理由として、子どもの良心の自由を尊重するために、公教育において特定の宗教教育を実施することは許されない旨が説明されている。

　つまり、フランスの近代公教育の世俗化の過程では、国家が子どもの良心の自由を侵害することのないよう、特定の宗教的価値に依拠することなく、教育の中立性と世俗化の原則が追求されてきた。こうした近代公教育の歴史を踏まえて、公教育の中立性の原則は、フランスの公法学者であるルイ・トロタバによって「政治権力に対する教師の独立と児童・生徒の良心の自由を保障するための教育の中立性および世俗化の原則」として説明されている。[4]

　上記の経緯から、フランスの教育の自由の概念にも、日本と同じ意味での教師の教育の自由の概念が含まれていることがわかる。この際に重要なのは、教師の教育の自由が、政治的・宗教的中立性の要請の下で、子どもの良心の自由を、ひいては子どもの教育を受ける権利を保障するために認められる概念であるという点である。

教育の自由と教師に求められる倫理

　先述のように教育の自由の概念の多義性を理解するとき、教師はどこまで自由に教育することが許されるのかという冒頭の問いに対し、以下のような示唆が得られるであろう。

　第1に、教師に教育の自由が保障されるとしても、それは、教師があらゆる場面で全く自由に教育できることを意味するものではない。先に述べた旭川学力テスト事件の最高裁判決が示すとおり、子どもに教育を受ける権利をひとしく保障するためには、教育方法等における教師の裁量を認める一方で、国家に教育内容の決定権を一定程度留保するといった権限の画定は必要であろう。

　そのうえで、第2には、義務制を前提とする近代公教育では、その必然として政治的・宗教的な中立性が求められ、そこでは、子どもの良心の自由、ひいては教育を受ける権利を保障するため、公権力からの教師の独立性が一定程度確保されなければならない。その意味で、初等中等教育機関の教師にも、先に掲げた旭川学力テスト事件の最高裁判決から、さらに踏み込んで教育の自由を保障する余地が残されている。

　その際に重要なのは、教師の教育の自由があくまでも子どもの教育を受ける権利を保障するために認められるものだという点である。戦後の日本の教育裁判において語られてきた教師の教育の自由が、当初はそうした理念にもとづいて主張されたものであったとしても、「国民の教育権」の名の下、本来一体であるべき子どもや親と教師の意識とが次第にかい離して行ったという指摘は、教師の教育の自由という概念の陥穽（かんせい）を端的に示す事例といえるだろう。[5)]

　こうして教師の教育の自由が、近代公教育の必然として一定程度肯定されると考えるとき、そこで問われるべきは教師の倫理観に他ならない。教師に求められる倫理とは、教師自らが一定の教育の自由を有することを念頭において、それがあくまで子どもの教育を受ける権利を保障するために認められるものであるという教師の使命を自覚することである。教師のそうした倫理の醸成によって、教師の教育の自由はより幅広い支持を得られるものとなるはずである。

注
1) 最高裁大法廷 1976（昭和 51）年 5 月 21 日判決、最高裁判所刑事判例集〈刑集〉第 30 巻第 5 号 615 頁。

2) Monchambert, Sabine, *La liberté de l'enseignement*, P.U.F., 1983, pp.13-16.

3) この点については、橋本一雄「『教育の自由』の諸相」伊藤良高編著『教育と福祉の課題』
（晃洋書房、2014 年）127-138 頁を併せて参照されたい。

4) Trotabas, Louis, *Manuel de droit public et administratif*, 2e édit, L.G.D.J.,
1961, pp.106-108.

5) 西原博史「愛国主義教育体制における『教師の自由』と教育内容の中立性」日本教育
法学会年報第 32 号『教育法制の変動と教育法学』有斐閣、2003 年、105-114 頁参照。

第10章　発達の概念と教育、学校

はじめに

　人間は、受精後に母親の胎内で成長した後、死ぬまで発達していく。そして、出生後は家庭や保育現場、学校現場でしつけや教育を受ける中で人間として発達していく。この時、生まれたばかりの乳児が自分はこう生きたいと考えることはありえない。親や社会から要請される方向に向かって、しつけや教育を受ける中で発達する。これまでに学校教育を受けてきたあなた自身も学校教育の中で発達してきた。今後、あなた自身も生涯にわたって学習を続けながら、社会に適応し続けることを目指し、最後には、死を迎えることとなる。

　本章では、発達の概念について論じる。そして、教育と発達の関連について考察する。さらに学校教育と発達について検討する。

1　「発達」とは

1　「発達」という概念

　「発達」は、"development" として英語で記される。しかし、「発達」という意味以外にも「発生」「現像」と記されている。この中で「現像」という意味も含まれているように、撮影されたフィルムが現像され、写されたものが現れてくるように、もともとあったものから生まれてくるというような意味が含まれている。

　「発達」は、心理学の分野では「受精してから死に至るまでの心身の変化の過程」と定義される。この連続した過程を考えるうえで、発達段階という考え方がある。人間の発達自体は連続しており、加齢とともに人間は変化していく。しかしながら、いくつかの段階に分けて考えることで発達という現象が考えやすくなる。

　例えば、実用的段階区分と理論的段階区分がある。実用的段階区分として、日本では、生年月日によって義務教育の就学年齢が決まっており、一定期間に生まれた子どもは全員、小学校に通学することになる。このように教育に関しては、就学年齢がある。また、法律では、少年法により犯罪を行ったときの対応が年齢により異なっている。そして、就労や福祉の分野でも多くの会社で定年があり、年金が支給される年齢が社会によって原則一律に決まっている。

　一方、理論的段階区分では、例えば、運動、認知、道徳性など人間の機能面や精神面の発達のメカニズムを順序だてて考える観点がある。このように、発達段階に分けることで、連続している発達という過程を考えやすくしている。[1]

　では、発達の概念は、単に変化の過程を意味するだけであろうか。この発達の概念には、いくつかの視点が含まれている。[2]

　第1に、量的な変化の過程と質的な変化の過程という視点である。量的な変化の過程は、目に見える身長や体重のような成長と呼ばれる変化、あるいは、目に見えないが、スキャモン（Scammon, R. E.）の発育曲線のように各器官系の加齢による変化もある。そして、質的な変化として、認知、精神、欲求、道徳性などの発達段階が考えられている。

　第2に、目に見える発達か目に見えない発達かという視点である。目に見える発達は表面的発達と考えられている。例えば、「歩けるようになった」「一語文を話せるようになった」などの目に見えて「できる」ことが挙げられる。一方、目に見えない発達は潜在的発達と考えられている。例えば、目に見えてすぐにできるようにならなくても、それまでの生活経験の中で様々な経験をすることでできるようになった場合である。自転車に乗ることは最初なかなかできない人もいるが、練習しているうちにコツがわかってできるようになる。練習している間は目に見えて成果はないが、その練習中も何らかの発達的変化があったということになる。したがって、練習することに加えて、身体や運動能力の発達が伴うことで、急に自転車に乗れるようになるのである。

　第3に、発達は様々な能力がともに影響しあいながら変化していく過程という視点である。例えば、幼児期の子どもの生活の中心は遊びである。子どもは遊びの中で様々な経験をする。その中で様々な能力を関連させながら発達していく。トランプでババ抜きをするときは、相手の持っているカードを予測し、自分の持っているジョーカーのカードをうまく相手に取らせるようにしなければならない。相手の持っているカードを予測する認知的な能力や、感情を表情

に出さないようにするために感情を制御する能力などの様々な能力を関連させながら発達していく。したがって、逆に考えると、1つの能力の発達が遅れることで他の能力の発達が遅れたりすることになる。また、1つの能力の発達が進むことで他の能力の発達が遅れたりすることもある。

2 「発達」に影響を与える要因

　人間が発達する中で、何が影響を与えているのであろうか。この要因として、遺伝と環境が考えられてきた。遺伝や素質は、持って生まれた遺伝子が、発達に大きな影響を与えるというものであり、成熟説（生得説、遺伝説）と呼ばれている。

　この考え方に対して、環境や経験が発達に大きな影響を与えるという考え方がある。人間は何も書き込まれていない白紙の状態で生まれてくるとするタブラ・ラサ（tabula rasa）という考えがある。この考えでは、後の経験によって人間の発達は大きな影響を受けるというものである。これは、学習説（経験説、環境説）と呼ばれている。しかしながら、一方の要因だけが影響すると考えるのではなく、両方の要因が影響すると考えることが実際的である。

　そこで、この遺伝と環境の2つの要因がどのように関わっているのかが問題となる。最初に、遺伝と環境の2つの要因の和によって発達は決まるという考えである。これはシュテルン（Stern, W.）が唱えた輻輳説と呼ばれる。そして、単なる2つの要因の和ではなく、遺伝と環境が相互に作用しあいながら影響するという相互作用説がある。

　また、遺伝的要素が発達に影響するためには、一定の環境が用意されてなくてはならないという考えがある。これは、ジェンセン（Jensen, A. R.）によって提唱された環境閾値説と呼ばれる。これは、ある能力が伸びていくためには、適切な環境の水準（閾値）以上でなければ難しいというものである。例えば、あまり適切でない環境であっても身長の発達は見られるが、それ以上の良い環境であっても、身長は伸び続けるわけではない。また、記憶能力などの知的能力である知能は、日常生活を送る中で伸び続けるが、論理的思考力のような学力は、学校教育をうけることができる適切な環境の中で伸びていきやすいものである。そして、第二言語の発音や絶対音感のような特殊な能力は、幼少期からの非常に適切な成育環境の中で、特に伸びていくものである。

　以上のように遺伝と環境の要因が発達に与える影響について考えられてきた

が、遺伝も経験も両方の要因が影響しあうことで発達し、また、２つの要因が影響を与える程度も年齢によって変化するという考えが妥当であろう。

2 発達と教育

1 発達の背景としての教育

人間は、生活する中で発達していく。生まれてきた子どもは、親に育てられる中で、しつけられて「ヒト」から「人」へと社会化していく。社会の中で生きていくために必要な知識や態度を身につけたり、価値や社会的規範を身につけたりしていくのである。この時、親の子どもへの思いが表現される。

日本では、生まれてきた子どもに名前をつける時に親は悩むこととなる。親として子どもの将来を考え、子どもへの思いを託した名前をつけようと考えるからである。また、幼児に習い事をさせる場合も将来こうなってほしいという思いからピアノや水泳など何か習い事をさせる。このような親の思いを「発達期待」と呼ぶ。これは、社会や文化によって異なり、子どもへの養育態度の違いへと影響する。しつけの仕方も親の考えが影響しており、親が何を大事かと思うことによってしつけの仕方も変わってくる。例えば、日本では、自分の気持ちや感情のコントロール、従順さが幼い時から身につけるように求められるが、アメリカでは、言語による自己主張が求められている。

2 人と関わる中での学び

では、人間は、１人で環境と関わりながら発達するのであろうか。発達を促す環境はどのように考えられるのであろうか。例えば、子どもが、家の中で、１人で遊んでいても何か思いついて創意工夫して遊ぶであろうし、家の手伝いをすることで、手際よく仕事をこなせる能力を身につけるであろう。しかしながら、１人で努力するだけでは身につかないこともある。普段生活している中でも、何かに何かを加える経験はあるので、１人で「１＋２＝３」というような１ケタどうしの足し算はできるようになるであろう。しかし、その後、繰り上がりのある「５＋８＝１３」というような計算、そして、掛け算や割り算となっていくとどうであろうか。１人で努力して学ぶ以上に、人に教えてもらうことでできるようになっていくことがある。このような、他者に教わる中で、できることが広がっていく領域のことをヴィゴツキー（Vygotsky, L. S.）は「発

達の最近接領域」と呼んでいる。教育は、この領域をどれだけ広げていくかが大切であると考えられる。

　また、昔は、職人の世界では、技は自分の目で見て盗めと言われてきた。先輩の職人のやっていることを見る中で技を身につけていったのである。このように集団の中に身を置くことで技術を身につけていくことを「正統的周辺参加」と呼んでいる。学校生活の中では、異年齢集団による活動、つまり、クラブ活動などが考えられる。子どもは、その社会の中で人と関わりあう中で、「学び」や「育ち」をして発達していくのである。[4]

3　発達と学校

1　学校の環境と発達

　学校という環境は、人間の発達にどのように関係しているのであろうか。日本では、6歳から義務教育となり、小学校6年間と中学校3年間を学校という環境で集団生活を送るようになる。生活の大半を保護者と共に過ごしてきた、これまでの生活から離れ、学校という環境で同年齢の子どもたちと集団生活を送るようになる。この環境で生活の大半の時間を過ごすように変わるのである。学校では、日々の教育活動の中で、子どもの「学び」と「育ち」が目指される。その方向は、日本全体、地域、学校というそれぞれのレベルで具体化されていくこととなる。例えば、学習指導要領において「生きる力」を身につけることが目指され、それが、地域や学校現場でさらに具体的な目標となっていく。この目標あるいは大人が持つ「願い」というものは、子どもの発達すべき方向を示すものとなり、教育者が教育活動を行っていく指針にもなる。

　そして、学校という環境では、集団生活を行うことが求められる。年度初めに同年代の子ども間でクラスの編成が行われ、担任教員が中心となって学級を経営し、クラスの解散の日まで続いていくことになる。その一連の流れは、1年間か2年間という決まった期間の中で進められる。その過程の中で、学級集団の雰囲気、学級の風土が作られる。これに影響を与える要因として、学校の特徴、教師の特徴、個々の子ども個人の特徴、教師と子ども間の関係性や子ども間の関係性の特徴というように様々なものがある。学校という環境の中で、学級独自の学級文化というような学級特有の雰囲気が形成され、その中で子どもは発達していくこととなる。[5]

2　発達と学校

　子どもにとっては、同年齢の子どもたちと形成された学級集団での生活が中心となる。この生活の中で集団への適応が求められていくこととなる。特に、学校段階が変わる時に、適応がうまくいかない場合、小学校１年生では、いわゆる「小１プロブレム」、中学１年生では、いわゆる「中１ギャップ」と呼ばれることが起こってきた。時代の変化と共に子どもを取り巻く環境が変化し、子ども自身の発達の仕方も変化し、そして、現在では、子どもの集団への適応が困難さを伴うようになってきたといえる。このように考えると、発達と学校の関係は、個人だけの問題ではなく、時代の影響、つまり、世代による発達の違いという考え方も含めるべきであろう。

　その時代を生きている人として学校という環境にどのように適応してきたか、人によってそれぞれ異なるのである。その経験してきた中で形成された、自らの「発達観」と呼ぶべきものが、子どもが大人になった時、自分の子どもへのしつけや養育態度、保育者の保育の仕方や教師の教育の仕方に影響するのである[6]。

おわりに

　人間は、受精した後、死ぬまで発達するという考え、すなわち、生涯発達という考えが中心となっている[7]。人間を現在だけではなく、過去、現在、未来という時間の流れの中で捉えようとするのである。つまり、「私は、過去にこのようなことしてきたので、現在このようなことができたり、このように考えたりしています。そこで、そのできるようになったことや考えたことを基にして、将来この職業について、こういう仕事をしたいです」。このような展望を自分自身に持てることが発達という考えにおいて大切な観点であると思われる。

　教育活動や学校という環境では、目の前の子どもの姿だけを考えてしまいがちである。しかし、子どもは生涯にわたって、発達していく存在であるという観点から子どもを支援していくことが教師には求められているのである。

 演習問題

1. これまでの自分とこれからの自分について考え、自分自身がどのように発達してきて、どのように発達していくのか考えてみよう。
2. 人は、他者と関わることで、どのようにして新しいことを学んでいくのか、自分自身を振り返って考えてみよう。
3. 子どもが集団に適応していくために、学校現場では、どのようなことに配慮しなければならないのか考えてみよう。

注

1) 梅本堯夫・大山正編『心理学への招待［改訂版］』サイエンス社、2014 年、200-202 頁。
2) 本郷一夫編『シードブック　発達心理学』建帛社、2007 年、3 － 6 頁。
3) 東洋・柏木恵子・R.D. ヘス『母親の態度・行動と子どもの知的発達』東京大学出版会、1981 年、87 頁。
4) 本郷一夫・八木成和編『シードブック　教育心理学』建帛社、2008 年、57 頁。
5) 同上、109 － 111 頁。
6) 本郷一夫編『保育の心理学　ワークブック』建帛社、2014 年、77 頁。
7) 高橋恵子・波多野誼余夫『生涯発達の心理学』岩波書店、1990 年、196 － 205 頁。

参考文献

岡本夏木『幼児期』岩波書店、2005 年。
本郷一夫編『シードブック　発達心理学』建帛社、2007 年。
本郷一夫・八木成和編『シードブック　教育心理学』建帛社、2008 年。
矢野喜夫・落合正行『発達心理学への招待』サイエンス社、1991 年。

コラム 4

▶インクルーシブ教育の現状と課題

インクルーシブ教育とは

インクルーシブ教育とは、特別な教育的ニーズのあるすべての子どもたちに学校教育を保障することを目指した概念であり、そのための学校改革を要求する考え方である。

1994 年、スペインのサラマンカ市でユネスコとスペイン政府の共催による「特別なニーズ教育に関する世界大会：アクセスと質」が開催され、「特別なニーズ教育における原則,政策,実践に関するサラマンカ声明」とそれに付帯する「特別ニーズ教育に関する行動のための枠組み」が採択された。本会は、「インクルーシブ教育（inclusive education）のアプローチを促進するために必要な基本的政策の転換を検討することによって、『万人のための教育（Education for All)』の目的をさらに前進させるために、すなわち、学校がすべての子どもたち、とりわけ特別な教育的ニーズをもつ子どもたちに役立つことを可能にさせる」ことを目的として開かれた（「サラマンカ宣言」の「前書き」より抜粋）。

サラマンカ宣言の趣旨は、①「学校というところは、子どもたちの身体的・知的・社会的・情緒的・言語的もしくは他の状態と関係なく、『すべての子どもたち』を対象とすべきである」とする点、②「すべての子どもはなんらかの困難さもしくは相違をもっていようと、可能なさいはいつも共に学習すべきである」とする点（原則通常学校）、③ サラマンカ宣言は、「特別なニーズ教育」という概念に関する「世界的な合意」を示したものであり、「通常の学校の重要な改革を要求するもの」（学校改革論）とされる。こうしたサラマンカ宣言は、国際的なインクルーシブ教育の潮流を生み出す契機となった。

しかしその一方で、日本の学校教育においてインクルーシブ教育の理念はどの程度浸透しているのだろうか。

日本におけるインクルーシブ教育の現状と課題

日本がインクルーシブ教育について最初に公言したのは、2012 年 7 月、中央教育審議会初等中等教育分科会・特別支援教育のあり方に関する特別委員会「共生社会の形成に向けたインクルーシブ教育システムの構築のための特別支援教育の推進（報告）」においてである。この背景には、2006 年 12 月 13 日に第 61 回国連総会において採択された「障害者の権利に関する条約」の批准に向け

て国内法を整備しなければならないという事情があった。

　しかしながら、文科省は上記の「報告」においてインクルーシブ教育の推進を表明しつつも、その対象を障害児に限定してしまっており、インクルーシブ教育を障害児教育（特別支援教育）に置き換えてしまっている点に問題がある。

　戦後日本の障害児教育は、障害の種類や程度に応じて「特別な場」で「専門家」によって処遇されるという分離を前提とする特殊教育を行ってきた。そして2007年4月から、個々の教育的ニーズに応じて「多様な場」において適切な指導や必要な支援を行なう特別支援教育へと転換された。同時に「発達障害」が新たに加えられ、特別支援学校のセンター的機能や通常学校での特別支援コーディネーターの設置なども定められている。

　特別支援教育という制度は、一見するとインクルーシブ教育を目指したもののように見えるかもしれない。しかしながら、実際には障害のある子どもとない子どもの教育は様々な状況において分けて行わざるをえないこと、また、障害のある子どもは、「特別な場」で「専門家」によって処遇されることが前提とされており、従来の特殊教育のあり方と実質的にほとんど変わらないのである。

　以上より、日本のインクルーシブ教育の現状について、先のサラマンカ宣言における「インクルーシブ教育」の理念ないし趣旨に照らしてみると、「すべての子どもたち」というよりも障害児に比重が置かれていること、「原則通常学校」ではなく、分離教育を前提としていること、そして「通常の学校の重要な改革を要求する」という「学校改革」に対する動きはまだ十分とは言い難い。従って、日本はインクルーシブ教育に向けてまだ道半ばの状態にあることがうかがえる。

　そんな中、2016年4月1日から「障害を理由とする差別の解消の推進に関する法律」（障害者差別解消法）が施行された。同法は「障害のある人もない人も、互いに、その人らしさを認め合いながら、共に生きる社会をつくること」を目的として、「不当な差別的取り扱いの禁止」と「合理的配慮の提供」を求めている。特に重要なのは、「合理的配慮の否定・不提供」は、差別にあたると法制化された点である。このことは、これまでの日本の障害児教育ないし学校教育制度が内包する問題点を克服するだけでなく、すべての子どもたちを対象にしたインクルーシブ教育の実現を後押しする効力を持ちうるように思われる。

インクルーシブ教育の実現に向けて——「合理的配慮」の可能性と課題

　「合理的配慮」という概念は、「① 個々の場面における障害者個人のニーズに応じて、② 過重な負担を伴わない範囲で、③ 社会的障壁を除去すること」を条件とするものである。[1]

　従来の障害者施策は、バリアフリー化の取り組みに象徴されるように「不特定多数の障害者を対象」として展開されてきた。それに対して「合理的配慮」という概念は、「個々の障害者のニーズに応じて提供されるもの」であること、「共生社会にとって不可欠の前提たる機会平等、障害者の意向、両当事者の対話」を重視するものであること、「集団（一般）向けのものではなく個人向けのもの」であることを特徴とする。[2]すなわち、個々の障害者のニーズに応じて、画一的・形式的に処遇するのではなく、平等な機会や権利の保障を目的として、必要に応じて異なった処遇を行うというものである。そしてそのために障害当事者においてはどんな「社会的障壁」を取り除いて欲しいのかを要望していくこと、またそうした声に対して提供者側はどのように変更・調整ができるかなど障害者—提供者双方の建設的な対話を通じて着地点を見つけていくプロセスが不可欠となる。

　したがって、学校現場は、障害に関係なく、誰もが学習しやすい環境づくり（ユニバーサルデザインなど）を行うだけでなく、障害児童生徒それぞれの特性やニーズに合わせた支援や配慮を提供していくことが求められる。ここで重要なのは、障害児童生徒への異なった対応が、単なる「特別扱い」や「えこひいき」ではなく、平等な参加の機会や権利を保障すること——実質的な平等の達成——が含意されているという点である。

　ただし、「合理的配慮」の提供に際して、注意しなければならない点がある。それは、「合理的配慮」が「非過重負担」の範囲で提供されるという（提供者側のさじ加減に委ねられた）条件を持つため、提供者側ができるだけコストのかからない容易な配慮を選択する傾向があるということである。特に人的・経済的な資源が乏しい学校では、障害のある子どもやその保護者の声が反映されにくくなる恐れがある。そのような事態を回避するために、学校現場では「合理的配慮」が適切に機能しているかをモニターしていく必要があるだろう。

　このように「合理的配慮」概念の普及により、当事者のニーズに応じて適宜社会環境の変更・調整が図られると共に、分離教育ではなく、原則通常学校の考え方が当たり前となるような「学校改革」を促進する可能性が高まる。この

ことは、障害児童生徒に限らず、「すべての子ども」に開かれた、本当の意味でのインクルーシブ教育の実現に繋がるものとして期待される。

注

1) 川島聡・飯野由里子・西倉実季・星加良司『合理的配慮──対話を開く、対話が拓く──』有斐閣、2016 年、2 頁。

2) 同上、6 頁。

第11章 社会階層と教育
―― 「教育格差」「学力格差」のなかで ――

は じ め に

天は人の上に人を造らず人の下に人を造らずといへり。

言わずと知れた、福澤諭吉による『学問のすすめ』の冒頭文である。「人は みな平等だと言われている」という意味のこの文章を、多くの人が一度は目に したことがあるだろう。

しかし、『学問のすすめ』には続きがある。どれくらいの読者が続きを読ん だことがあるだろうか。と言うのも、「人間の平等を説いた」書物であるとし て一般に理解されているが、続きの内容はあまり知られていないからである。

続きの一部にはこう書かれている。「人は生まれた時には、貴賎や貧富の区 別はない。ただ、しっかり学問をして物事をよく知っているものは、社会的地 位が高く、豊かな人になり、学ばない人は貧乏で地位の低い人となる、という ことだ[1]」。つまり、人はもともと平等に生まれるが、学問をしているかどうか によって、さまざまな格差が生まれるということである。福澤諭吉は、現実社 会にある社会経済的格差の原因を「学問」に求め、それによって格差の存在を 正当化したとも言える[2]。こうした考え方は、明治時代以後、今日に至るまで日 本社会に広く共有されている。

本章では、第1節で教育の結果である学歴が社会階層を形成していることを 述べる。続く第2節では、社会階層が子どもの教育に与える影響について整理 し、第3節でそのメカニズムについて代表的な理論を紹介してみる。それらを 通じて、「格差社会」における教育のあり方について考えるヒントを提示する ことが本章の大きな目的である。

1　社会階層のもととなる「教育」

　社会に生きる人々は、何らかの基準に従ってグルーピングされている。それが本章で扱う「社会階層」と呼ばれるものである。社会階層とは、職業、所得、学歴、階級、人種等により、人々が社会の中で層を成している状態を指し示す言葉である。その定義は論者によっても異なるが、さまざまな社会経済的指標によって人々が分けられていることに異論を唱える人はほとんどいないだろう。

　「学歴社会」という言葉があるように、「学歴」は職業的地位や社会的地位を決定する大きな要因である。研究上では、従来、社会階層を表す指標として主に「職業」が用いられてきたが、この「学歴」により着目した方が良いとも言われ始めている。その背景には、雇用が流動化するなかで職業的地位も流動化してきた一方、ひとたび獲得した学歴はその影響を受けないことが挙げられる。また、学歴は職業を手にするための手段にとどまらず、「自分が何者であるか」というアイデンティティの源泉にもなりつつある。[3]

　しかし、読者のなかには、「学歴があっても意味が無い」「社会に出てから何ができるかが大事だ」という声を聞き、大きく共感したことのある人もいるかもしれない。「学歴社会」と呼ばれる日本社会において、そういった主張はどの程度有効なのだろうか。

　ある研究によれば、大卒学歴の経済的効用は増大している（大卒の方が経済的に得をする、といった傾向が強まっている）。濱中淳子の分析によると、男性の場合、1975 年時点では、30 代後半から学歴による賃金格差が開き始めていたが、現在は 20 代後半から開き始めている。[4]現代の方が、学歴によって収入が大きく変わってくるというわけである。また、女子にとっての大学進学の経済的効用を検証すると、正規社員として働く場合、非正規社員として働く場合、結婚相手の所得のすべてにおいて「オールマイティ」に有利になるということも明らかにされている。[5]

　教育を受けた証である「学歴」は、人々の社会経済的地位を決定するだけでなく、現代においてなお、その決定力がますます高まっている。「しっかり学問をして物事をよく知っているものは、社会的地位が高く、豊かな人になり、学ばない人は貧乏で地位の低い人となる」という福澤諭吉の一節は、100 年以

上経った今も、社会階層と教育の関係を表し続けている。

　ただし、この一節には重大な前提がある。「人は平等である」、そして、「誰もが頑張れば学問を修められる」という前提が。

2　「努力」と「学力格差」

　「誰もが頑張れば学問を修められる」という前提に対し、そもそも「誰もが頑張れるわけではない」と主張した人がいる。苅谷剛彦は、この「頑張り」を象徴する指標として「学習時間」に着目し、1979 年と 1997 年で高校 2 年生の学習時間が減少したこと、その減り方には階層による違いがあり、階層差が大きくなっていることを指摘した。**図 11-1** は母学歴別の学校外での学習時間の変化であるが、母親が高学歴であるほど 1979 年から 1997 年にかけての学習時間の減り方が少ないことがわかる。苅谷はこうした結果から、高校生の「努力」に与える階層の影響が強まっているという主張をしたのであった。[6]

　それでは、子どもたちの学力はどうなっているのだろうか。実証的なデータで「学力格差問題」が立ち上がるのは、1999 年から盛り上がった「学力低下論争」の最中である。2004 年に出版された『学力の社会学』は、大規模な学力調査に基づき、日本の小中学生にも学力の階層差があることをデータでもって示した点、そして 1989 年に比べて学力の階層差が拡大していることを指摘した点で画期的であった。[7] その後、さまざまなデータを用いて社会階層間の学力格差の存在が実証的に明らかにされ、保護者の学歴、世帯年収、学校外教育

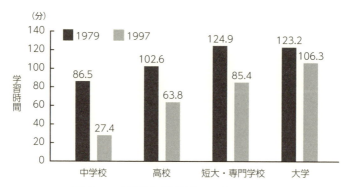

図 11-1　母学歴別学校外での学習時間の変化

費等の家庭背景と学力の相関がはっきりと示されるようになった。

　2007 年からは、小 6 と中 3 を対象にした「全国学力・学習状況調査」が実施され、そのデータを活用した分析も行われている。**図 11-2** はその一部であるが、家庭の社会経済的背景 Socio-Economic Status（SES）別に、学習時間と算数 A の関係を示している。ここで言う SES とは、父母の学歴と世帯収入から作成した合成指標である。そして、それらを 4 つのグループに分けたものが、Lowest SES ～ Highest SES に該当し、社会階層を表している。

　この図表からわかる重要な結果は、① SES の高い子どもほど正答率が高いこと、② どの SES であっても学習時間が長い方の正答率が高いこと、③ 最も不利だとされる Lowest SES の子どもが長時間勉強していても、Highest SES の全く勉強をしない子どもの正答率の平均値を下回ってしまうということである。③ の結果、すなわち、階層間の格差を「努力」で克服できていないという結果は、関係者に衝撃を与えることになった。

　他にも、この調査からは、ひとり親家庭の子どもの正答率が低いこと、それをカバーするために母子家庭では経済的支援、父子家庭では地域や学校とのつながりが必要となることがわかっている。また、SES の低い子どもが多い中学校においては、学級規模の縮小が学力向上につながることも指摘されている。[8]

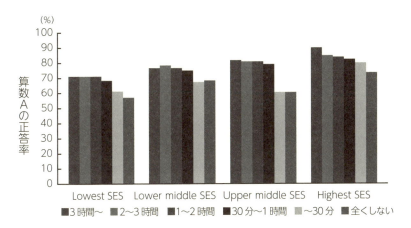

図 11-2　社会経済的背景別、学習時間と算数 A 正答率の平均値（小 6）
出典：国立大学法人お茶の水女子大学『平成 25 年度全国学力・学習状況調査（きめ細かい調査）の結果を活用した学力に影響を与える要因分析に関する調査研究』2014 年、89 頁。

国際的に見ると、日本において SES が学力に与える影響は弱い方である。[9] しかし、「努力」に階層差があり、努力しても学力の階層差が残るという現状は望ましいものではない。学力格差の問題を解決することは、今後ますます重要になってくるだろう。

3　学力格差が生まれるメカニズム

　ところで、社会階層の違いがなぜ学力格差を生み出しているのだろうか。これはなかなかに難しい問いである。最もシンプルな説明は、「お金のある人が子どもの教育にお金をかけて、結果的に学力が高くなる」というものであるが、それだけでは説明できないことも多い。

　その点、文化的再生産論の考え方は非常に有意義な視角を提供してくれる。たとえば、ブルデュー (Bourdieu, P.) は、学校で押し付けられる文化を正統的なものとして受け取るためには、「ハビトゥス」が必要であると論じた。ハビトゥスとは身体化された文化資本のことで、思考や行為のもととなる性向のことである。彼は、上流階級の家庭ほど教育上の成功を修めやすい理由を、学校に馴染みやすい適切なハビトゥスを身につけていることに求めた。[10]

　また、バーンスティン (Bernstein, B.) は、言語を運用する際のルールに着目し、状況を共有した者同士しか分かり合えない「限定コード」と、状況に依存しない言語運用を生み出す「精密コード」があると論じた。そのうえで、労働者階級の子どもが学校で成功しにくいのは、学校で必要とされる「精密コード」を用いることができず、かれらの持つ「限定コード」は学校で重要視されず劣ったものとみなされてしまうからだと指摘したのである。[11]

　両論者はいずれも、家庭で子どもに伝達される文化が、学校文化に親和的かどうかに着目している。学力格差が生まれるメカニズムを明らかにするためには、家庭の文化と学校文化の葛藤状態を観察することが必要である。また、学校文化に親和的な文化を意識的、無意識的に伝達する家庭内の教育戦略も、分析されるべき重要な課題であろう。

おわりに

　出身階層によって教育の機会やその成果が著しく異なることに対して、「ま

あ仕方ない」と受け入れる人もいるだろうし、「なんとかしなければ」と思う
人もいるだろう。ただ、「教育格差」や「学力格差」の問題は、教育の機会均
等を妨げている点、そして、教育を通じて社会階層の再生産が行われている点
で重大な問題である。

　本章では主に学力格差について論じたが、学校外教育の格差や大学進学機会
の格差など、他にもさまざまな格差がある。こうした教育格差が放置されれば、
社会階層が固定化してしまう恐れが強い。福澤諭吉の「誰もが頑張れば学問を
修められる」という前提は、学校教育の理想とするところでもあるが、そのよ
うな条件が整っているかどうか、私たちは常に意識しておく必要がある。

┃ 演習問題 ┃

1. 社会階層の生成に教育がどのように関わっているか、調べて考えてみよう。
2. 出身家庭の環境が、子どもに与える影響は大きい。学力の階層格差の他に、子どもた
　ちの間にどんな階層差が表れるか、調べてみよう。
3. 学力の階層差が発生するメカニズムについて、さまざまな角度から考えてみよう。

注

1) 参照：福澤諭吉（齋藤孝訳）『現代語訳　学問のすすめ』筑摩書房、2009 年、10－11 頁。
2) だからと言って、福沢諭吉が差別等を容認しているわけではない。
3) 参照：吉川徹『現代日本の「社会の心」――計量社会意識論――』有斐閣、2014 年、
　241－242 頁。
4) 参照：濱中淳子『検証・学歴の効用』勁草書房、2013 年、4－6 頁。
5) 参照：同上、125－126 頁。
6) 参照：苅谷剛彦『階層化日本と教育危機――不平等再生産から意欲格差社会へ――』
　有信堂、2001 年。
7) 参照：苅谷剛彦・志水宏吉編著『学力の社会学――調査が示す学力の変化と学習の課
　題――』岩波書店、2004 年。
8) 参照：国立大学法人お茶の水女子大学『平成 26 年度学力調査を活用した専門的な課題
　分析に関する調査研究（効果的な指導方法に資する調査研究）』2015 年。
9) 参照：OECD, Education GPS, JAPAN Student Performance（PISA2018）.（https://
　gpseducation.oecd.org/CountryProfile?primaryCountry=JPN&treshold=10&topic=PI
　2021 年 10 月 22 日最終確認）
10) 参照：Bourdieu, Pierre・Passeron, Jean-Claude（宮島喬訳）『再生産』藤原書店、1970
　＝ 1991 年。

11) 参照：Bernstein, Basil（萩原元昭編訳）『言語社会化論』明治図書、1971 = 1981 年。

参 考 文 献

パットナム，ロバート・Dr.（柴内康文訳）『われらの子ども——米国における機会格差の拡大——』創元社、2015=2017 年。

林明子『生活保護世帯の子どものライフストーリー——貧困の世代的再生産——』勁草書房、2016 年。

松岡亮二『教育格差——階層・地域・学歴——』筑摩書房、2019 年。

第12章　ジェンダーと教育

はじめに

　本章では、学校をはじめとする教育をジェンダーの視点から見つめることで明らかになってくる問題に対し、その克服に向けて主に教師を対象にどのような教育を目指すべきなのかを検討する。教育にジェンダーの視点を導入することは、これまでの教育で何が問題だったのかを鋭く映し出すことになるからである。これからの時代を生きる教師や保育士など子どもに関わる職業人は、ジェンダーに敏感な視点をもってその職に臨むことが求められる。

1　生物学的性差とは異なる　　社会的性差としての「ジェンダー」

　ジェンダーという語は誤解が多い。ジェンダー（gender）は「社会的文化的性別」と訳されることが多い英語で、男らしさ・女らしさや「男はこうあるべき」「女はこうあるべき」といった社会的性差をあらわす。英語に限らずヨーロッパ言語には古くから生物学的性差をあらわす語（英語なら sex）とは別に社会的性差をあらわす語が存在した。しかし日本語ではこのような区別がなく、性差と言えば生物学的性差（身体的性差）のみを想起して社会的性差を意識することがこれまで極めて薄かった。例えば「男女平等」は英語で gender equality となり、men も women も入らず「男」と「女」の二項対立が成立しにくいが、日本語では「男」と「女」という言葉が入っているために二項対立に陥りやすく、性的マイノリティへの配慮も想起しにくい。[1] また日本を含む東アジアでは儒教の男尊女卑的影響が根強く残っているため、男女平等への理解が遅れるという悪循環の状態にある。

　そのため「ジェンダー」という語そのものが忌避され、ともすると攻撃の対象になってしまう事態を生んでいる。[2] しかしながらジェンダーという語が世界

的には一般に広く使われる語であるということをまず知っておく必要がある。例えば日本政府は「男女共同参画」という用語でもって日本国憲法第 11 条、第 14 条などにある性によって差別されない社会の実現を目指しており、その担当部局名は内閣府男女共同参画局であるが、この英語名は Gender Equality Bureau Cabinet Office である。他にも世界経済フォーラムが毎秋に発表する男女平等の進み具合に関する国別のランキングは gender gap index（男女平等指数、男女格差指数などと訳し、男女共同参画局はジェンダー・ギャップ指数として紹介）である。ジェンダーという語を避けるようでは、今世界で何が問題とされているのかを見つめる視点を曇らせることに他ならない。

2　ジェンダー再生産装置としての学校教育

1　学校は男女平等と言えるのか？

　日本を含む東アジアでは、教育や試験によって立身出世をはかるという階層上昇や産業振興・国力発展の手段として学校を見る視点がある一方、1872 年の「学事奨励に関する被仰出書」のように学校こそが差別をなくし平等を実現する手段であるとする視点もある。また後者のような理想を掲げながら、前章でみたように教育格差を学校が拡大させてしまうという現実もある。

　ジェンダーの問題も同様である。基本的人権が制限されていた大日本帝国憲法の時代では尋常小学校で 3 年生以上は男女別クラスとされ、カリキュラムも異なっていた。男子には強い兵隊、女子にはその銃後を支える母となる準備教育だったと言っていい。これが基本的人権を三大原則の 1 つとする日本国憲法では第 26 条に「ひとしく教育を受ける権利を有する」とされ、学校での男女平等が目指されることとなった。そして今や「学校は男女平等なところ」という意識が国民の主流を占めるようになっている。

　2012 年度の内閣府「男女共同参画社会に関する世論調査」において、様々な分野について「平等だと思う」と答えた割合は「学校教育の場」67%、「家庭生活」47%、「法律や制度の上」45.4%、「職場」28.5%、「社会通念・慣習・しきたりなど」21.4%、「政治の場」18.6% などとなっており、他のどの分野よりも学校が「男女平等」だと思われていることがわかる。

　しかし、本当に学校は男女平等だと言えるだろうか？　生徒会長など「長」とつく役職には男子の方が圧倒的に多い一方で部活動のマネージャーは女子ば

かりではなかったか？　幼稚園児のスモックに代表されるように男子の色、女子の色はなかったか？　あるいは大学で理系学部に男子が多く、文系や看護などに女子が多い、といったことも指摘できるだろう。

　現実には学校はジェンダー再生産装置である。陰に陽に、学校は既存の固定的性別役割分業観にしたがって子どもたちに「男らしさ」「女らしさ」を植え付け、またその二項対立から性的マイノリティを排除する。この問題を突きつけたのは第9章でみた「かくれたカリキュラム」である。学校は男女平等のかけ声とは裏腹に、例えばかつて主流だった男子を先とする名簿によって「男性優先社会」を子どもたちが当然と受け止めるようにしてきたのだ。かくれたカリキュラムという指摘によって初めて、日本では男女混合名簿の導入が進んだ。

2　特性論に陥りがちな教師

　かくれたカリキュラムへの注目をきっかけに、学校では混合名簿だけではなく様々な見直しが進んでいった。しかし一方で未だ強く指摘される問題の一つは、教師のあり方である。教師たちに聞き取り調査をすれば「自分たちは男女で差別するようなことはしていません」「1人1人を見ているようにします」と言う。「では、『おい、男子〜』とか『女子は○○して〜』などという発言はされていませんか？」と尋ねると多くの教師たちはハッとした表情を見せる。教師たちは無意識に既存の男女別カテゴリーを利用して日々の教育実践を行っており、それがジェンダーの再生産につながっているとは思ってもいないのだ。

　さらに問題なのは男女の特性論である。この場合の特性論とは「男子には男子なりの、女子には女子なりの向き、不向きがある」などというように、生物学的性差と社会的性差を区別せず、また個性も無視して教育する態度をさす。例えば「これ重いから男子運んで〜」「きめ細かいから女子やって〜」といった教師の言動に表れる。厄介なのはこの特性論が「お互いの性を思いやる」というように善意の発想と思い込んでいる点にある。他の先進国では「男性向けの仕事」「女性向けの仕事」という発想すら男女差別だが、日本の学校では特に思春期の中学校と高校で、制服などで男女を明確に区別しておいて「自分の性とは違う性の人を尊重しよう」という形で教育が行われる。真に学校が平等を目指すのであれば、ジェンダーを含む人権について現職教員への研修、養成段階にある教師志望の大学生への教育が必要であり、1人1人の教師には「男は仕事、女は家庭」といった固定的性別役割分業観にとらわれない教育実践が

求められる。

3 ジェンダー概念によって見直される家族・子育て

1 三歳児神話の罠

　ジェンダーの視点が重要なのは学校教育だけではなく家庭教育も同様である。『平成 10 年版　厚生白書』は「少子社会を考える～子どもを産み育てることに「夢」を持てる社会を～」と題され、その中で明確に三歳児神話を否定した。三歳児神話とは「子どもが小さい間は母親は仕事をせずに育児に専念すべきだ」という考え方で、“神話”と名付けているとおり白書では「合理的根拠がない」と指摘されているにも関わらず誰もが疑わずに信じているものである。20 世紀末に政府の白書で三歳児神話は否定されたにもかかわらず、日本ではいまだに根強く信じられている。妊娠・出産・授乳は生物学的に女性だけに備わるが、それ以外の育児は実の母親以外でも可能である。しかし 2006 年の内閣府による国際比較調査では「子どもが 3 歳くらいまでの間は母親が家庭で子どもの世話をするべきである」という質問に対し日本は 67.8% が肯定的な意見だった。もちろん子育てにおける母および父、また家庭的養育環境の重要性は言うまでもない。問題は男性（父）にも育児の責任があるにもかかわらず、「育児参加」という言葉に見られるように女性の「仕事領域」に男性が「少し参加」すれば事足りるとして、女性（母）だけに子育て負担をさせ、責任を押しつけている点にある。

　三歳児神話に関連して少子化についてふれておくと、女性の就労が進んでいる福井県や沖縄県、他の先進国で言えばフランスやスウェーデンは合計特殊出生率は上向いている。一方、専業主婦の割合が 1 位である奈良県は東京都や大阪府などの大都市に続いて合計特殊出生率が低い。このことから「女性が働いたから少子化が進んだ」という通説は誤解で、育児を女性に限定すると子どもの数が減る結果になるともわかるだろう。

2 大人の思い込みが子育てを阻害する

　家庭教育については、子どもの性によって子育てのあり方は変わるのか、という問題もある。書店に行けば「男の子はこう育てる」「女の子へのしつけ」といったタイトルの本が育児の棚に並ぶ。これらは固定的性別役割分業観が根

強く残る日本社会への現実的な対応とみることもできるが、より平等が進んでいく未来を生きる子どもたちへの教育としてふさわしいかどうかが問われる。一般書は学術的とは限らず、現状追認の需要の結果でしかないとも言える。

　一方、乳児を持つ保護者向けの一般雑誌「Baby-mo」(主婦の友社) は 2006 年11 月号で「何が違う？　どう育てる？　「男の子」「女の子」の不思議」という特集を掲載した。発達心理学者、脳科学者、小児科医のアドバイスを載せつつ「先天的な男女差は、実はあまりない！」「みんなが思う男女の違いはおもに後天的につくられている！」と結論づけて、男女にとらわれない個性を重視した育児の大切さを説いた。生物学的性差と思い込んでいることの多くが社会的性差つまりジェンダーであり、本能ではなく作られたものである、と示したのである。

　このように、学校だけでなく家庭、それに地域や成人後の職場、生涯学習なども、ジェンダーの視点での見直しが進んでいくことになるだろう。

おわりに

　近年、性に関連して文部科学省が取り組みを進めているのが LGBT への対応である。LGBT は L= レズビアン、G= ゲイ、B ＝バイセクシャル、T ＝トランスジェンダーの頭文字で、同性愛者・両性愛者・性別違和の総称である。性別違和は日本では 2003 年に公布された特例法から性同一性障害と表現される。LBGT 以外の性的マイノリティもあるが、国際的な関心の高まりとあいまって 2014 年に文部科学省は初めて学校における性同一性障害の児童生徒に関する調査を行い、翌 2015 年には「性同一性障害や性的指向・性自認に係る、児童生徒に対するきめ細かな対応等の実施について (教職員向け)」という冊子を公表し、各教育委員会および学校が性的マイノリティへの対応を進めるよう求めている。

　一方、2016 年 5 月に国際人権団体が日本における LGBT の子どもに対するいじめの調査結果を発表し、その報道では LGBT の児童生徒に対して「キモい」「風紀を乱す」といった理解のない教師たちの言葉が紹介された。[10] 2013 年に公布されたいじめ対策基本法では、全ての児童生徒が安心して学校生活を送ることができるよう求めており、それは LGBT をはじめ様々なマイノリティの児童生徒に対しても同様である。教師 1 人 1 人がマイノリティへの理解を深め、

児童生徒全員が尊重される学校作りを目指さなければならない。

　また、教師集団内のジェンダー平等も重要である。例えば 2016 年度学校基本調査によれば、全国の小学校教員の 65% は女性だが、校長は 19% しかいない。また幼稚園から大学へと学校段階が上がるにつれて女性教員の比率は下がっていく。読者のみなさんがこれからの時代に学校で活躍したいのなら、本章で取り上げてきたことを踏まえて、21 世紀にふさわしい多様性を育む教育実践を展開する教師となることを切に期待する。

演習問題

1. 性的マイノリティ（LGBT）の子どもたちを、幼稚園を含む学校でどのように受け入れるべきか、また実際に受け入れているかについて調べてみよう。
2. 三歳児神話が日本においてなぜ根強く国民の意識に残ってしまっているのか、その理由について考えてみよう。
3. 幼稚園・小学校・中学校・高校などでジェンダーに敏感な視点から、不要な男女の区別を列挙してみよう。

注

1) 性的マイノリティには生物学的性差による人たち、すなわち性分化疾患の人たちもいることを忘れてはならない。例えばよく知られている 5α 還元酵素欠損症は、出生時に外性器から女性として育てられたものの、第二次性徴が始まって外性器から男性とはっきりする場合が多い。単純に性染色体の XX と XY で全人類が 2 つに分けられるわけではない。
2) 筆者がジェンダーという語が入った研究書の出版にかかわった際、編集代表はある新聞記者から「ジェンダーという語が入ってなければ新聞で紹介できたのに」と言われたことがある。筆者がジェンダーを解説する講義をした際にはある女子学生が「ジェンダーって過激思想の言葉だと思ってた」という感想をミニッツペーパーに書いてきたこともあった。
3) 内閣府男女共同参画局の URL は http://www.gender.go.jp（2021 年 10 月 30 日最終確認）である。
4) 2021 年 3 月の報告書では北欧諸国が最上位を占め、中国（IMF による 2021 年の世界名目 GDP ランキングで 2 位）が 107 位、日本（同 3 位）が 120 位、韓国（同 10 位）が 102 位と、東アジア各国は経済規模に対して著しく順位が低い。
5) 2006 年に改正された教育基本法では 1947 年に公布された旧法の第 5 条「男女は、互に敬重し、協力し合わなければならないものであって、教育上男女の共学は、認められ

なければならない」は削除されたが、当時は非常に大きな意味があったのである。

6)　厚生省『平成 10 年版　厚生白書』1998 年、84 頁。

7)　内閣府『平成 18 年版　少子化社会白書』2006 年、102 頁。

8)　育児休業（育児休暇ではない）が父親による取得も含めて制度的には整ったにもかかわらず、取得率が低かったり取得そのものが難しかったりする問題もある。またその前提として個人 1 人 1 人が「子どもが小さい間は育児に専念したい」と願うのなら、それが実現できるようにすることも重要だし、その選択は尊重されるべきである。問題の根幹は個人の意思を超えて女性に就労を辞めるよう強制する社会意識であり、保育士不足解消策の 1 つとして打ち出されている育児休業 3 年延長案も、三歳児神話に基づくのか検証が必要である。

9)　専業主婦率については、総務省統計局『平成 29 年就業構造基本調査　結果の概要』2018 年、20 頁。合計特殊出生率については、内閣府『令和 3 年版　少子化社会対策白書』2021 年、30 頁。

10)　朝日新聞「LGBT の子　学校がつらい」2016 年 5 月 13 日。

参 考 文 献

河野銀子・藤田由美子編著『教育社会とジェンダー』学文社、2014 年。

木村涼子「ジェンダーと教育の歴史」苅谷剛彦他著『新版　教育の社会学　〈常識〉の問い方、見直し方』有斐閣、2010 年。

山口慎太郎『『家族の幸せ』の経済学　データ分析でわかった結婚、出産、子育ての真実』光文社、2019 年。

コラム5

▶保育・幼児教育の新展開とその展望

子ども・子育て支援新制度と保育・幼児教育の新展開

　2015年4月、「子ども・子育て関連3法」(「子ども・子育て支援法」、「就学前の子どもに関する教育、保育等の総合的な提供の推進に関する法律の一部を改正する法律」及び「子ども・子育て支援法及び就学前の子どもに関する教育、保育等の総合的な提供の推進に関する法律の一部を改正する法律の施行に伴う関係法律の整備等に関する法律」。いずれも、2012年8月公布)を根拠とする「子ども・子育て支援新制度」(以下、「新制度」という)がスタートした。

　政府資料によれば、制度創設の背景として、核家族化の進展や地域のつながりの希薄化、共働き家庭の増加、兄弟姉妹の数の減少など子育て家庭や子どもの育ちをめぐる環境が大きく変化するなかで、「子どもや子育て家庭の置かれた状況や地域の実情を踏まえ、国や地域を挙げて、子ども・子育てへの支援を強化する必要」が挙げられている。そして、「子どもの年齢や親の就労状況などに応じた多様かつ質の高い支援を実現するため、消費税財源も活用して、幼児期の学校教育・保育、地域の子ども・子育て支援を総合的に推進」することをその趣旨としている。内容的には、①認定こども園、幼稚園、保育所を通じた共通の給付(「施設型給付」)及び小規模保育等への給付(「地域型保育給付」)の創設、②認定こども園の改善(幼保連携型認定こども園の改善等)、③「地域子ども・子育て支援事業」の創設(地域子育て支援拠点、一時預かり等)、④市町村が実施主体、が主なポイントとなっている。[1]

　新制度については、様々な期待と批判が交錯しているが、保育・幼児教育の理念及び目的という点から見れば、これまでにない大きな質的転換が図られようとしていることに気づかされる。すなわち、新制度における保育・幼児教育の位置づけは、これまで保育界において脈々と積み重ねられてきたものとはまったく異質のものであり、政治と行政の論理から、強引かつ根底的に覆そうとするものに他ならないといわざるを得ない。例えば、「子ども・子育て支援法」は、「教育」について、「満3歳以上の小学校就学前子どもに対して義務教育及びその後の教育の基礎を培うものとして教育基本法(平成18年法律第120号)第6条第1項に規定する法律に定める学校において行われる教育をいう」(第7条第2項)、また、「保育」について、「児童福祉法第6条の3第7項に規定する保育をいう」(第7条第3項)と規定している。ここに記されている「児童福祉法第

6条の3第7項」は、「一時預かり事業」に関する定めとなっており、「家庭において保育（養護及び教育（第39条の2第1項に規定する満3歳以上の幼児に対する教育を除く。）を行うことをいう。以下同じ。）を受けることが一時的に困難となつた乳児又は幼児について、厚生労働省令で定めるところにより、主として昼間において、保育所、認定こども園（就学前の子どもに関する教育、保育等の総合的な提供の推進に関する法律（平成18年法律第77号。以下「認定こども園法」という。）第2条第6項に規定する認定こども園をいい、保育所であるものを除く。第24条第2項を除き、以下同じ。）その他の場所において、一時的に預かり、必要な保護を行う事業をいう」と規定されている。

　これらの法規定から読み取れることは、従前までの「幼児教育」を「幼児期の学校教育」という新造語に置き換えるとともに、同語をコアとしつつ、幼稚園・保育所における「保育」を、前者は「（学校）教育」、後者は「保育」というように分離、区別しようとするものになっているということである。また、後者の「保育」は、家庭における保育（養護及び教育）と同義ととらえられ、そこにおける「教育」は、前者の「教育」とは異なるものであるという位置づけとなっているのである。[2]

近年の幼児教育振興施策をめぐる動向と今後の課題

　なぜ、こうしたことになってしまっているのか。それを理解するためには、近年における国の幼児教育政策の動向を振り返ることが不可欠である。

　2006年12月、教育基本法（1947年3月公布）が全部改正され、新時代における教育の基本理念が示されるなかで、生涯にわたる人格形成の基礎を培う幼児教育の重要性が指摘された。すなわち、同第11条は、「幼児期の教育は、生涯にわたる人格形成の基礎を培う重要なものであることにかんがみ、国及び地方公共団体は、幼児の健やかな成長に資する良好な環境の整備その他適当な方法によって、その振興に努めなければならない」と規定し、幼児教育が生涯にわたる人格形成の基礎を培う重要なものであることを確認したうえで、幼児の健やかな成長に資する良好な環境の整備など幼児教育の振興についての国及び地方公共団体の努力義務を定めている。

　教育基本法改正に関する国会審議によれば、ここでの幼児教育は、「家庭教育」（第10条）、「学校、家庭及び地域住民等の相互の連携協力」（第13条）と一体となってとらえられている。それは、「幼稚園・保育所等で行われる教育のみならず、

就学前の幼児に対し家庭や地域で幅広く行われる教育を含めた教育を意味[3]」するものと解され、「幼児期の重要性を規定するもの」と位置づけられている。また、「国及び地方公共団体がその振興に努めなければならない旨も新たに規定したもの[4]」と説明されている。さらに、同条は、第5条「義務教育」の規定と結びついて、就学年齢の5歳児への引き下げや幼児教育の無償化に関する議論とリンクしている点が特徴的である。

このようなとらえ方の背景には、2000年代初め以降の、少子化とグローバル化による「幼児期からの人間力向上」という国家戦略がある（文部科学省「子どもを取り巻く環境の変化を踏まえた今後の幼児教育の在り方について（答申）」2005年1月、経済財政諮問会議「経済財政運営と構造改革に関する基本方針2005」2005年6月、文部科学省「幼児教育の無償化について（中間報告）」2009年5月、他）。そこでは、これからの幼児教育の方向性として、国際競争力の維持・強化の観点から、教育改革の優先課題としてとらえ、幼稚園等施設の教育機能の強化や家庭・地域社会の教育力の回復などが企図されている。具体的には、待機児童解消を理由とする認定こども園の創設など規制緩和策に基づく幼稚園・保育所の一体化や、保育所・幼稚園・小学校の連携推進などが施策として展開されてきている。[5]

新制度は、上述の流れの延長線上にあるものであり、「幼児教育の振興」をキーワードとして、国の幼児教育政策としての保育・幼児教育における学校教育化ないし小学校準備教育機関化を推し進めていこうとするものとなっている。そのなかで、多少の財政的優遇措置もあって、（学校）教育を重視しようと考える保育所の幼保連携型認定こども園への移行も急増している。はたしてこのような方向性でいいのであろうか。そうではなく、すべての子ども（及び保護者）の幸福の実現という観点から、保育・幼児教育の理念や制度、内容を創造、構築していくべきではないだろうか。幼稚園であれ、保育所であれ、認定こども園であれ、養護と教育を一体的にとらえることでしか、豊かな保育・幼児教育の世界は実現され得ないということを肝に銘じる必要があるといえよう。

注

1) 厚生労働省・社会保障審議会児童部会保育専門委員会第1回会議「配布資料」、2015年12月。

2) 参照：伊藤良高『増補版 幼児教育行政学』晃洋書房、2018年。

3) 衆議院・教育基本法特別委員会における馳浩文部科学副大臣の答弁による（2006年6

月8日会議録)。

4) 衆議院・教育基本法特別委員会における小坂憲次文部科学大臣の答弁による (2008年6月2日会議録)。

5) 参照：伊藤良高『新時代の幼児教育と幼稚園——理念・戦略・実践——』晃洋書房、2009年。

索　引

《執筆者紹介》 （執筆順、＊は編者）

＊伊藤良高   奥付参照・・・・・・・・・・・・・・・・・・・・・・・・・・・・第1章、コラム5

松原岳行   九州産業大学国際文化学部教授・・・・・・・・・・・・・・・第2章

上坂保仁   明星大学教育学部教授・・・・・・・・・・・・・・・・・・・・・第3章

岡本哲雄   関西学院大学教育学部教授・・・・・・・・・・・・・・・・・第4章

山口　毅   帝京大学文学部准教授・・・・・・・・・・・・・・・・・・・・・第5章

鈴木清稔   前大阪経済法科大学教養部教授・・・・・・・・・・・・・・第6章

小針　誠   青山学院大学教育人間科学部教授・・・・・・・・・・・・・第7章

苫野一徳   熊本大学教育学部准教授・・・・・・・・・・・・・・・・・・・第8章

＊冨江英俊   奥付参照・・・・・・・・・・・・・・・・・・・・・・・・コラム1、第9章

大津尚志   武庫川女子大学学校教育センター准教授・・・・・・・・コラム2

橋本一雄   中村学園大学短期大学部准教授・・・・・・・・・・・・・・コラム3

八木成和   桃山学院教育大学人間教育学部教授・・・・・・・・・・・・第10章

末次有加   大阪総合保育大学児童保育学部講師・・・・・・・・・・・・コラム4

前馬優策   広島経済大学教養教育部准教授・・・・・・・・・・・・・・・第11章

池上　徹   関西福祉科学大学健康福祉学部教授・・・・・・・・・・・・第12章

《編者略歴》

伊藤良高（いとう よしたか）

1954 年　大阪府に生まれる
1985 年　名古屋大学大学院教育学研究科博士後期課程単位取得退学
専　攻　保育学、教育学（保育制度・経営論）
現　在　熊本学園大学社会福祉学部教授、桜山保育園理事長、博士（教育学）
著　書　『保育制度改革と保育施設経営』（風間書房、2011）
　　　　『新版　子どもの幸せと親の幸せ』（共著、晃洋書房、2017）
　　　　『第 2 版　教育と福祉の課題』（編著、晃洋書房、2017）
　　　　『改訂版　保育ソーシャルワークの世界』（共著、晃洋書房、2018）
　　　　『増補版　幼児教育行政学』（晃洋書房、2018）
　　　　『人間の形成と心理のフロンティア』（共編、晃洋書房、2016）、他

冨江英俊（とみえ ひでとし）

1970 年　滋賀県に生まれる
2000 年　東京大学大学院教育学研究科博士後期課程単位取得退学
専　攻　教育社会学、道徳教育
現　在　関西学院大学教育学部教授、修士（教育学）
著　書　『改訂版　道徳教育のフロンティア』（共著、晃洋書房、2019）
　　　　『子どもと学校〔子ども社会シリーズ 3〕』（共著、学文社、2010）
　　　　『スタディスキルズ・トレーニング　改訂版』（共著、実教出版、2017）
　　　　『MINERVA はじめて学ぶ教職① 教育学原論』（共著、ミネルヴァ書房、
　　　　　2018）、他

教育の理念と思想のフロンティア

2017 年 4 月 10 日　初版第 1 刷発行	＊定価はカバーに
2022 年 4 月 15 日　初版第 2 刷発行	表示してあります

編　者　　伊　藤　良　高　ⓒ
　　　　　冨　江　英　俊

発行者　　萩　原　淳　平
印刷者　　西　井　幾　雄

発行所　株式会社　晃　洋　書　房
〒615-0026　京都市右京区西院北矢掛町7番地
電話　075（312）0788番代
振替口座　01040-6-32280

カバーデザイン ウイッシュ　　組版 ケイエスティープロダクション
印刷・製本 ㈱NPCコーポレーション
ISBN978-4-7710-2873-9

伊藤良高 著

保 育 制 度 学

A 5 判 160 頁
定価 1,980 円

伊藤良高・岡田愛・荒井英治郎 編

教育と教職のフロンティア

A 5 判 156 頁
定価 1,870 円

伊藤良高・永野典詞・三好明夫・下坂剛 編

改訂新版 子ども家庭福祉のフロンティア

A 5 判 128 頁
定価 1,540 円

伊藤良高・大津尚志・橋本一雄・荒井英治郎 編

新版 教育と法のフロンティア

A 5 判 146 頁
定価 1,650 円

伊藤良高・冨江英俊・大津尚志・永野典詞・冨田晴生 編

改訂版 道徳教育のフロンティア

A 5 判 158 頁
定価 1,870 円

A. センほか 著，G. ホーソン 編，玉手慎太郎・児島博紀 訳

生活の豊かさをどう捉えるか
──生活水準をめぐる経済学と哲学の対話──

四六判 240 頁
定価 3,520 円

大津尚志 著

校 則 を 考 え る
──歴史・現状・国際比較──

A 5 判 142 頁
定価 1,760 円

川合宏之 著

高校生と大学生がともにつくる高大連携授業
──ナナメの関係が高校生にどのような影響を与えるのか──

A 5 判 152 頁
定価 2,750 円

KEL 教育おしゃべり会 編

文科省は、イジメを解決できるか？
──民間教育白書──

A 5 判 116 頁
定価 1,100 円

鑓水浩 著

道徳性と反道徳性の教育論

A 5 判 200 頁
定価 2,420 円

ローレンス・A. クレミン 著，中谷彪・岡田愛 訳

アメリカ教育の真髄

四六判 122 頁
定価 1,650 円

石村卓也・伊藤朋子 著

新 ・ 教 師 論
──チーム学校に求められる教師の役割と職務──

A 5 判 246 頁
定価 3,080 円

晃 洋 書 房